웃음의 과학

| 이윤석의 웃기지 않는 과학책 |

웃음의 과학

이윤석

사이언스 북스

사랑하는
나의 어머니와
아내에게

독자에게

이 책을 읽는 친애하는 독자들이여,
모든 정념을 떨쳐 버리시오.
그리고 이 책을 읽으며 성내지 마시기를.
악하거나 추한 것은 없다 해도,
웃음에 관한 것 외에 완벽함은 거의 찾기 힘들 테지만,
당신들 마음을 상하게 하고 괴롭히는 슬픔을 보면,
다른 이야깃거리가 내 마음을 끌 수 없음을
여러분은 이해할 것이오.
눈물보다는 웃음에 관하여 쓰는 편이 나은 법이라오.
웃음이 인간의 본성일지니.

— 프랑수와 라블레, 『가르강튀아 | 팡타그뤼엘』

차례

추천사 11

머리말 15

1장
웃음의 진화

인간의 진화

감정의 진화

미소의 진화

웃음의 진화

웃음의 논리

21

2장
웃음의 발달

아기의 미소

아기의 웃음

간질임과 싸움 놀이

유형성숙과 인간의 웃음

55

3장
웃음의 뇌

웃음을 담당하는 뇌

웃음의 논리를 처리하는 좌뇌와 우뇌

웃음과 쾌락

85

4장
웃음의 심리

웃음의 공격성

웃음과 애정

동음이의어
(말장난 혹은 말놀이)

웃음의 남녀 차이

111

5장
웃음과 사회

웃음의 전염성

모방과 거울 뉴런

웃음의 종류

웃음과 사회적 감정

155

6장
웃음과 건강

웃음의 면역 효과

웃어서 행복한가,
행복해서 웃는가

웃음의 적, 스트레스

185

맺음말 **205**

참고 문헌 **211**

추천사

전중환 『오래된 연장통』의 저자, 진화심리학자

　웃음을 연구하는 과학자들에게는 웃지 못할 고민이 하나 있다. 일반적인 과학 논문이나 학술서가 워낙 딱딱하고 지루한 탓인지, 사람들이 웃음에 대한 연구만큼은 아주 웃기고 재미있으리라고 은근히 기대하는 것이다. 야속하게도, 웃음에 대한 논문들은 대개 다른 분야의 논문들 못지않게 무미건조하다. 사실, 이는 과학자들의 잘못이 아니다. 웃음을 연구한 책이 웃기길 기대하는 것은 마치 인간 짝짓기를 연구한 책이 성적 흥분을 불러일으키길 기대하는 것과 같다. 그러니 『웃음의 과학』에 부치는 이 추천사가 시쳇말로 빵빵 터지리라는 기대는 일찌감치 접어주시기를 부탁드린다.
　웃음은 우리 삶에서 대단히 중요하다. 「개그 콘서트」에 나오는 남하당 대표 박영진의 "소는 누가 키워~~!" 같은 유행어는 좀 알아 둬야 다음 날 친구들과의 대화가 잘 풀린다. 갓 태어난 아기가 어느 날 문득 엄마와 눈을 맞추며 생긋 미소를 날려 줄 때, 엄마가 느끼는 행복감은 이루 말로 표현할 수 없다. 높으신 분들이 비리를 저지르거나 애꿎은 보온병을 포탄으로 둔갑시킬 때, 촌철살인의 시사만평은 서민들의 울적한 심정을 조금이나마 달래 준다. 웃음이 우리 인간에게 이토록 중요함에도 불구하고, 웃음에 대한 연구는 극히 최근까지 변방에서 서자 취급을 당하며 홀대를 받았다. 웃음은 그냥 자연스러운 현상이지 특별히 더 연구할 거리가 있겠냐고 다들 생각한 것이다. 아마 이 책의 저자 이윤석 교수도 집필 기간 동안 개그맨 이경규 씨로부터 "야! 윤석아, 웃기면 그냥 웃어. 그걸 왜 연구를 해? 아~~ 얘, 답답하네." 특유의 부산 사투리 억양으로 읽어 주시라. 식의 핀잔을 여러 번 들으셨을 것 같다.

웃음에 대한 과학적 연구는 지난 10여 년 동안 눈에 띄게 성장했다. 웃음이 지니는 다면적 속성 덕분에, 발달심리학, 사회심리학, 임상심리학, 사회학, 문화인류학, 인지고고학 같은 행동사회과학뿐만 아니라 뇌과학, 동물행동학, 인지신경과학, 보건의학, 행동유전학, 진화생물학 같은 자연과학의 여러 분야에서도 웃음을 다룬 논문들이 점점 더 많이 등장하고 있다. 한 가지 안타까운 사실은, 웃음에 대한 연구가 워낙 다방면에서 여러 학자들에 의해 이루어지다 보니 웃음을 설명하는 가설들은 수십 가지가 난무하는 반면 아직까지 모두의 합의를 끌어낸 확고한 이론은 없다는 것이다. 웃음에 대한 진화적 접근도 마찬가지다. 웃음과 유머가 오랜 세월에 걸쳐 자연선택에 의해 진화한 산

물임에는 틀림없지만, 웃음이 어떤 진화적 기능을 수행하게끔 설계되었는가에 대해서는 열띤 논쟁 중이다.

이 책 『웃음의 과학』은 웃음에 대한 흥미로운 사실들과 다양한 가설들이 때로는 슬랩스틱 코미디로 우당탕탕 부딪히고, 때로는 말장난 개그로 재잘재잘 어우러지는 시끌벅적한 풍경을 잘 그려내고 있다. 필자가 아는 한, 웃음에 대한 전문적인 학술서로 서구에서는 임상 심리학자인 로드 마틴Rod Martin의 『유머의 심리학 Psychology of Humor』2007년과 뇌과학자이자 심리학자인 로버트 프로바인Robert Provine의 『웃음: 과학적 탐구Laughter: A Scientific Investigation』2000년 등 몇 권이 나와 있기는 하지만, 웃음에 대한 최신 연구들을 종합하여 대중을 상대로 알기 쉽게 설명한 교양서는 아직까지 없다. 박사 개그맨, 지적인 개그맨 등으로 불릴 정도로 평소 지적 호기심이 충만하고 엄청난 독서량을 자랑하는 이윤석 교수의 우직한 노력 덕분에 한국 독자들이 다른 나라의 독자들은 꿈도 꾸지 못하는 호사를 누리는 셈이다.

무엇보다도, 이 책의 압도적인 장점은 저자가 상아탑에 틀어 박혀 박제된 웃음만 연구해 온 과학자가 아니라 17년 동안 정상을 오르락내리락하며 진정한 웃음을 고민해 온 인기 코미디언이라는 점이다. 웃음을 다룬 논문들 속에서 딱딱한 활자로 죽어 있던 과학적 설명들이 오랜 시간 동안 때로는 관객들을 빵빵 터뜨리게 하고 때로는 얼어붙게 만들었던 저자의 생생한 경험과 만나면서 비로소 펄떡펄떡 살아 숨 쉬기 시작한다. 이런 점에서, 이 책은 웃음의 과학적 설명을 충실히 정리한 대중 교양서를 넘어선다. "그냥 이렇게 말하고 행동했더니 사람들이 웃어 주더라."라고 알려 주는 업계 선배들의 실전 노하우를 무작정 따르기 바빴던 한 코미디언이 "왜 그렇게 하면 사람들이 웃는 걸까? 왜 방청객은 주로 여성일까? 왜 독설 개그는 강력하지만 한편으로는 위험한가?" 등등 가슴 깊숙한 곳에서 솟아나는 본질적인 질문들에 대한 해답을 얻고자 진지하게 분투한 성과를 담은 자기 고백 에세이기도 하다.

앞에서도 이야기했듯 웃음에 대한 과학적 연구가 아직 완전히 여물지 않은 탓에 책 전체를 관통하는 단일한 이론 틀이 있어 수많은 유형의 웃음들을 시원하고 명쾌하게 분석하고 해석하고 있지는 않다. 하지만 「세바퀴」나 「강심장」처럼 게스트가 많이 나와 때로는 각자의 방송 분량을 확보하고자 중구난방으로 떠드는 예능 프로그램에도 나름의 맛이 있듯이 이 책 또한 웃음에 관한 과학적 설명들의 다양한 스펙트럼을 열린 결말과 함께 제시함으로써 각각의 설명이 지닌 재미를 만끽하게 한다.

예능 프로그램 「남자의 자격」을 통해 꼼수 피우려 하지 않고 자기에게 주어진 미션을 완수하고자 온몸을 던지는 저자의 성실한 매력을 눈치 챈 독자들이 많을 것이다. 그가 기획, 제작, 진행까지 몽땅 떠맡아서 오랜 기간에 걸쳐 공들여 제작한 신설 프로그램 『웃음의 과학』이 지금부터 방영된다. 독자들이여, 안심하고 채널 고정하시라.

머리말

 우리는 웃는다. 우리는 웃는 것을 좋아하고 누군가 웃는 모습을 보는 것도 좋아한다. 우리는 누군가를 웃기는 것을 좋아하고 누군가 웃겨 주는 것도 좋아한다. 가장 성공한 삶을 산 사람은 누구인가라는 질문에 어떤 이는 "가장 많이 웃은 사람"이라고 답했다.
 우리는 자녀들의 귀여운 모습을 보고 웃는다. 우리는 친구들과 시시껄렁한 농담을 주고받으며 웃는다. 우리는 텔레비전에서 코미디언을 보며 웃는다. 우리는 사랑하는 사람을 바라보며 웃는다. 우리는 상대방에게 좋은 인상을 주기 위해 웃는다. 우리는 타인의 바보 같은 행동을 보고 웃는다. 우리는 누군가를 경멸하며 웃는다. 우리는 때로, 싸늘하게 웃는다. 답을 알 수 없는 인생의 질문들에 마주쳤을 때 우리는 그저, 웃는다.
 웃음은 인류의 역사가 시작된 이래 어쩌면 그 이전부터 늘 우리와 함께

해 왔다. 그런데 우리는 과연 웃음에 관해 얼마나 알고 있을까? 우리는 왜 웃는 걸까? 왜 우리는 얼굴을 일그러뜨리고 큰 소리를 내며 자신의 감정 상태를 표현하는 동물이 된 것일까? 우리에게 웃음을 유발하는 사건들에는 공통된 특성이 있을까? 특정한 말이나 행동이 웃음을 유발하는 이유는 무엇일까? 우리가 웃을 때 우리 몸과 마음에서는 무슨 일이 벌어지고 있을까? 웃음은 우리에게 어떤 이득을 주기에 존재하는 것일까?

나는 지난 17년간 코미디언으로 활동하면서 웃음을 유발하는 기법 혹은 방법이 무엇일까 고민해 왔다. 한마디로 어떻게 해야 더 웃길 수 있을지 고민해 온 것이다. 그러나 언제부터인가 슬프게도 웃기는 법을 연구하는 것은 내 영역이 아님을 깨닫게 되었다. 웃기는 법은 현재 활동 중인, 웃음에 통달한 수많은 동료 코미디언들이 더 잘 알고 있고, 더 잘 전수해 줄 수 있을 것 같다. 솔직히 말하면 웃기는 법을 알려 주는 것은 그 자체가 웃기는 짓이 되기 쉽다. 웃기는 법은 배워서 될 일이 아닌 듯하다. 불가능한 것은 아니지만 한계가 있다는 뜻이다.

나는 어쩔 수 없이 관심을 돌렸다. 아니, 훨씬 더 흥미롭고 재미있는 영역으로 옮길 수 있게 되어 기뻤다. 그곳에는 '웃기는 법' 말고도 웃음에 관해 보다 중요한 질문과 대답들이 가득했다. 웃음의 본질에 조금씩 다가갈수록 그동안은 웃어 보지 못한 방식으로 웃고 있는 나 자신을 발견하게 되었다. 무언가를 배우고 깨우쳐 가며 느끼는 행복한 웃음. 때로는 코미디보다 한 권의 책이 내게 더 진한 웃음을 선사한다는 것을 깨달았다.

내가 발견한 새로운 영역은 바로 '웃음의 과학'이었다. 수많은 사람들을 텔레비전 앞에 불러 모으는 코미디 프로그램혹은 예능 프로그램의 근본적인 힘은 무엇일까 하는 궁금증을 해결해 줄 단서들이 과학이라는 항아리 안에 황금구렁이처럼 똬리를 틀고 있었다. 그리고 그곳에는 피할 수 없는 인간의 존재 조건인 생물학적 메커니즘으로 인해 발생하는 웃음에 대한 과학적 사실들이 숨죽이고 있었다.

웃음과 관련하여 사람들이 궁금해 하고 답을 구하려 했던 질문들을 찾아보면서 과학적 방법론이 웃음의 영역에 들어오게 된 것이 극히 최근의 일이라는 사실을 알게 되었다. 오랜 기간 동안 사람들을 사로잡은 것은 베르그송의 기계론이나 프로이트의 해소론, 칸트의 부조화론과 같은 인문학적 설명들이었다.[1] 현재는 다양한 방법론과 기술의 발달로 많은 문제들에 대해 과학적으로 연구하는 것이 가능해졌다. 이 책은 그러한 결과 알게 된 웃음에 관한 과학적 연구 성과들, 그중에서도 특히 진화생물학과 진화심리학을 근간으로 하여 뇌과학이나 사회심리학, 발달심리학, 의학건강학이 설명해 낸 웃음의 참모습을 소개할 것이다.

이 책은 실용서가 아니다. 유머나 화술을 가르치거나 처세법에 대해 강의하거나 방송·코미디에 입문하기 위한 내용을 담고 있지 않다. 이 책을 본다고 해서 반드시 남을 더 잘 웃기게 된다거나 누구나 좋아하는 긍정적인 인물이 되는 것은 아니라는 말이다. 그러나 웃음의 본

---

1) 궁금해 하실 독자들을 위해 1장이 끝나는 부분에 간략하게 요약해 두었다.

질에 대해 더욱 깊이 있는 이해를 원하는 사람이라면, 혹은 인간이라는 존재의 내면을 조금 더 은밀히 들여다보고 싶은 사람이라면 이 책이 그 호기심을 해소하는 데 조금이나마 도움이 될 수 있을 것이라 생각한다. 적어도 '웃음'이라는 현상과 관련해서는 말이다.

이 책은 웃음에 관해 이야기하고 있지만 거의 웃기지 않는다. 웃음을 다룬 가장 안 웃기는 책이란 것이 이 책의 가장 웃기는 점이 아닌가 싶다. 다만 웃음과 관련한 과학적 사실과 가설들을 확인하며 웃음의 일종인 흐뭇한 미소를 띨 수 있었으면 하는 바람이다. 알면 사랑한다고 했던가? 웃음에 대한 이해가 웃음에 대한 사랑으로 이어지면 더욱 좋을 것 같다.

이 책은 전문적이고 학술적인 내용은 아니다. 주로 사회과학자나 자연과학자들의 웃음에 관한 연구를 소개하고 있지만 일반인들도 이해하기 쉽도록 최대한 전문 용어나 기술적인 부분들은 쉬운 단어로 대체하거나 생략했다. 또한 연구 결과가 확고히 이론화되지 않은 잠정적인 가설들이나 논란의 여지가 있는 주장들도 소개하였다. 그 결과 이 책의 정밀성이나 정교함은 다소 떨어질 수밖에 없었다. 그럼에도 불구하고 이렇게 빈틈 많은 글을 공개하는 이유는 좀 더 많은 사람들이 웃음이라는 현상의 매력에 동참했으면 하는 바람에서다. 아직 더 많은 검증의 단계들이 필요한 주장일지라도 우리의 상상력을 자극하는 가설과 이론들은 가능하면 빠뜨리고 싶지 않았고 그럼으로써 웃음을 포함하여 사물과 사건, 세계에 대한 과학적 설명들에 사람들이 관심을 갖게 되기를, 그리하여 그 재미를 함께 나눌 수 있기를 바랐다.

이 책은 인간과 웃음의 관계에 관한 과학적 개론서, 혹은 입문서를 기본 틀로 하고 개인적 에세이 형식을 가미했다. 과학적 연구들에 더해 개인적 의견과 단상을 첨가한 이유는 내가 웃음의 현장에서 직접 경험하고 느낀 것들이 웃음이라는 현상을 이해하는 데 도움을 줄 수 있을 거라 생각했기 때문이며 아울러 웃음의 과학이라는 낯선 분야에 대해 독자들이 가질 딱딱한 느낌을 조금이나마 줄여 보고 싶었기 때문이다. 방송이나 공연, 코미디나 예능, 영화나 연극에 관심이 있는 독자, 혹은 그 세계에 뛰어들고 싶어 하는 후배들, 그리고 웃음이라는 현상에 관심을 갖고 있는 모든 분들이 흥미롭게 여길 만한 이야기들을 부지런히 꾸려 보았다.

많은 학자들과 과학 저술가들의 저작에 힘을 빌렸으나 일일이 각주를 달지 못한 점 사과드린다. 책 뒷부분에 참고한 서적들을 밝히는 것으로 대신 했으니 부디 양해해 주시길 바란다. 서투른 저자의 조그마한 결실을 조심스레 세상에 공개해 본다.

> 1장
> **웃음의 진화**

인류가 가진

단 하나의 진정 효과적인 무기,

그것은 바로 웃음이다.

— 마크 트웨인

　엄마의 얼굴을 보자마자 함박웃음을 터뜨리는 갓난아기에서부터 친구들의 웃음에 이유도 모른 채 따라 웃는 여고생들에 이르기까지, 늦은 밤 홀로 텔레비전 예능 프로그램을 보며 박장대소를 하는 싱글 남에서부터 상사의 썰렁한 농담에 마지못해 웃는 직장인들에 이르기까지, 사람은 누구나 웃을 수 있다. 심지어는 타인이 웃는 것을 한번도 보지 못한 맹아들과 웃음소리를 한번도 듣지 못한 농아들도 따로 배움의 과정을 거치지 않고도 웃을 수 있다. 웃음에 인색한 사람은 있을지언정, 사고로 뇌나 얼굴 근육을 다쳐 후천적으로 웃음을 잃은 사람은 있을지언정, 애초에 웃음 짓지 못하는 사람은 없는 것이다. 이러한 사실들은 웃음이 우리 몸에 본능적으로 프로그램되어 있음을 강하게 암시한다.

　기침이나 하품, 재채기와 마찬가지로 일상적으로 늘 함께하는 존재인 탓에 우리는 웃음에 대해, 그리고 웃음이 지닌 중요성에 대해 별다른 관심을 갖지 않고 살아가지만, 최근 들어 웃음을 연구하는 학자들이 늘면서 웃음이 생각보다 별다른 것임을 나타내는 증거들이 차곡차곡 쌓이고 있다. 우리는 대체 왜 웃는 것일까? 어떻게 해서 웃음이 인간 보편적 특질이 된 것일까? 태초에 웃음은 어떻게 생겨났을까? 인간을 제외한 나머지 동물들은 웃음 짓지 못하는 것일까?

웃음의 기원과 본질, 역할, 작동 기작 등 웃음에 관한 모든 것을 알아보는 이 여정을 나는 웃음이라는 행위의 생산자이자 주체인 인간을 탐구하는 것에서 시작하려 한다. 동물계의 평범한 일원인 동시에 지구상에서 유일한, 독특한 종으로 자리 잡은 인간의 진화 역사를 살펴보는 과정에서 우리 조상 중 누군가 최초의 웃음을 지은 순간을 엿볼 수 있지 않을까 생각하며 말이다.

😆 인간의 진화

대략 46억 년 전 광막한 우주의 바다에서 '창백한 푸른 점' 지구가 탄생했다. 이제 막 태어난 지구는 엄청나게 높은 온도와 방사능으로 인해 생명체가 존재할 수 없는 환경이었다. 그러던 것이 수억 년이 지나고 38억 년 전쯤 원시 지구의 바다나 연못 등지에서 최초의 생명이 등장했다. 최초의 생명은 원핵생물로 10억 년 동안 독보적인 존재로 지구 위에 군림한 끝에, 막으로 둘러싸인 핵을 가지고 있으며 그 안에

각각의 염색체가 들어 있는 진핵생물의 등장과 캄브리아기 대폭발을 거치면서 지구상에는 너 나 할 것 없이 다양한 생명체들이 거주하게 되었다. 이렇듯 기나긴 생명의 역사에서 척추동물과 포유류, 영장류를 지나 우리 인류의 조상이 출현한 때는 그야말로 최근이었다. 아프리카의 숲에서 나와 사바나 초원으로 들어서면서 오스트랄로피테쿠스가 침팬지 및 보노보의 조상과 각자의 길을 걷게 된 것이 600~700만 년 전, 그리고 슬기로운 사람을 뜻하는 현생 인류인 호모 사피엔스가 최초로 등장한 것이 불과 15~25만 년 전의 일이다.

지구 역사 46억 년을 24시간으로 환산하면 600만 년은 23시 59분 50초를 넘긴 시간이다. 인류가 문명을 일궈 온 기간을 문명기 이전과 비교해도 오늘날의 인간은 극히 최근의 존재이다. 우리가 아프리카 사바나의 초원에서 보낸 시간은 200만 년, 현대 문명이 지속된 기간은 1만 년이니, 인류는 99.9퍼센트의 시간을 수렵-채집 생활을 하며 지낸 것이다. 따라서 인간을 온전히 이해하기 위해서는 21세기를 살아가는 현대인의 모습을 관찰하는 것을 넘어서 지구와 생명의 역사라는 거대한 흐름의 한 지류로서 인간이라는 종 전체를 들여다볼 필요가 있다. 다행히도 우리에게는 진화라는 이름을 가진 렌즈가 있어서 우리 인류의 먼 과거까지도 엿볼 수 있다.

진화론은 인간의 조상을 거슬러 올라가다 보면 결국은 모든 생명이 시작된 하나의 뿌리에 이르게 된다고 예측한다. 인간은 그 뿌리에서 갈라져 나온 수많은 가지들 끝에 존재하는 생명체 중 하나라는 것이다. 빙하기든 운석 충돌이든 지구 역사상 과거에 일어났던 사건으로 인해 만일 인간에게로 이르는 생명의 가지가 단 한번이라도 끊겼더라면, 오늘날 우리는 이 자리에 서 있지 못했을 것이다. 인간뿐 아니라 지구상에 현존하는 다른 모든 동식물들도 마찬가지이다. 현재 살아 있는 우리 모두는 엄청난 행운의 끈을 이어 온 존재들이다.

생명의 나무에서 가까운 위치에 있는, 즉 가장 최근에 갈라져 나온 친척뻘 되는 생명체끼리는 특성의 일부를 공유한다. 유전학의 최신 연구 성과들도 이러한 사실을 뒷받침해 주고 있다. 인간과 침팬지의 유전자는 98.4퍼센트가 동일하고 1.6퍼센트 정도만 다른 것으로 밝혀졌다. 전체 유전자 중 1.6퍼센트에 우리를 침팬지와 다른 종이 되게 만든, 인간을 인간이게 하는 특성들이 담겨져 있는 것이다.

더욱 놀라운 것은 침팬지와 인간이 침팬지와 고릴라보다 유전적으로 더 가깝다는 사실이다. 예일 대학교의 찰스 시블리와 존 알퀴스트가 유인원의 DNA를 분석한 결과에 따르면 침팬지, 오랑우탄, 고릴라를 한 범주에 넣고 우리 인간은 그들과는 동떨어진, 차원이 다른 동물이라고 혹은 동물이 아니라고 생각했던 고정관념이 무참히 깨져 버린다. 만약에 고릴라가 영장류를 분류하겠다고 나선다면 아마도 유전자를 기준으로 고릴라 자신을 독특한 자리에 위치시키고 인간과 침팬지를 동일한 범주로 묶어 버리지 않을까? 물론 유전자만으로 생명체를 모두 설명할 수는 없겠지만 현대 과학이 밝혀낸 사실들은 인간의 우월함만을 강조해 온 그동안의 오만한 인간 중심적 사고를 되돌아 보게 하는 계기를 마련해 주는 듯하다.

『이기적 유전자』를 쓴 리처드 도킨스는 모든 생명체, 특히 유성생식을 하는 생명체는 자신의 유전자 복사본DNA을 다음 세대로 전달하는 것을 지상 최대의 과제로 삼는다고 했다. 개별 생명체들이 의식을 갖고 자신의 유전자를 전수하기 위해 애쓴다는 뜻이 아니다. 다만 생명 활동의 궁극적인 목표가 유전자 전달에 있다는 것이다. 이러한 관점에서 보면 유기체생명체는 유전자를 실어 나르는 운송 수단vehicle, 즉 도구에 불과하다. 인간은 유전자 전달이라는 무의식적 사명에 반하여 독신을 선택하기도 하고 위험한 일에 투신하여 모험을 즐기기도 하며 종교에 평생 귀의하기도 한다. 도킨스 스스로도 말했듯 우리는 유전자의 독재에 반기를 든 최초의 생명체인 것이다. 그러나 개개인의 특수한 삶의 양식을 떠나 전체 생명체의 관점에서 내려다본다면 인간 역시 살아남아 번식하는 것이 사명인 동물계의 일원이라 할 수 있다.

오늘날의 우리는 인류가 대부분의 시간을 보낸 수렵-채집 시대의 환경에서 자연선택된 선조 개체들의 유전자로 이루어져 있다. 인류 생활의 99퍼센트는 사냥과 채집을 하며 보냈고 우리 몸과 마음은 서로 혈연관계로 맺어진 150여 명이 작은 무리를 이루어 살던 홍적세의 환경에 적응되어 있다. 아이패드와 스마트폰, 3D 입체 영화, 슈퍼카 등 최첨단 기술을 자랑하는 21세기를 살고 있지만 우리 마음은 수백만 년 전 아프리카 사바나에서 부딪쳤던 문제들을 해결하기 위해 고안된 채 유지되고 있는 것이다. 우리 한 사람 한 사람은 조상들이 살던 시대의 환경을 반영하고 있는 유전자로 이루어진 '죽은 자의 유전학 책'[2]이다.

---

2) 리처드 도킨스가 『무지개를 풀며』에서 비유적으로 쓴 말이다.

진화된 심리 기제로서의 우리 마음에 관한 연구는 진화심리학이라는 비교적 새로운 학문을 통해 활발히 진행되고 있다. 진화심리학자들은 우리 몸이 오랜 세월에 걸친 자연선택의 결과물이듯이 마음도 진화의 산물로 규정지을 수 있다고 주장한다. 그러므로 인간의 마음은 미리 모든 프로그램모듈을 갖추고 있으며 이 프로그램들이 특히 배우자를 고르거나 경쟁자를 물리칠 때, 안전한 음식이 어떤 것인지를 결정할 때 등 인간사의 중요 지점에서 개인의 사고방식과 행동 양식을 결정한다는 것이다. 진화심리학의 기조는 "인간의 마음은 오랜 수렵-채집 기간 동안 우리 조상들에게 끊임없이 부과되었던 적응적인 문제들에 대한 해결책이다. 한마디로 마음은 자연선택에 의해 발생한 계산 기관들의 체계이다."라는 스티븐 핑커의 말에 잘 요약되어 있다.

진화심리학에 의하면 현대인들에게서 나타나는 문제들 중 많은 수가 과학과 기술이 고도로 발달한 현대 문명사회와 수백만 년 전 아프리카 사바나 시절에 적응된 인간 심리 구조가 동떨어진 탓에 발생한다. 농경, 산업, 컴퓨터, 피임, 텔레비전, 핸드폰 등은 오랜 시간에 걸쳐 진화해 온 우리 마음에 비하면 상대적으로 찰나에 불과한 순간에 발명되었다. 따라서 우리 마음은 현대 문명사회의 문제들을 해결할 수 있는 장비를 구비할 만큼의 진화적 시간을 갖지 못했다. 인류 문명의 역사인 1만 년, 현대 문명이 급속한 발전을 이룬 최근 100년은 자연선택의 메커니즘이 작용하기에는 턱없이 부족한 시간인 것이다.[3] 우리

---

3) 생명 진화의 장구한 역사와 그에 비해 상대적으로 짧은 인류 문명의 역사를 시간적으로 비교하는 것 중에서 나는 리처드 도킨스의 손톱 비유를 가장 좋아한다. 양팔을 벌려 왼쪽 손

마음은 과거에 머물러 있는데 당면한 문제들은 현대에 와서 새롭게 대두된 것들이어서 우리는 실패와 실수를 반복하고 있다.

예를 들면, 당분은 세포의 성장과 움직임에 필요한 에너지를 공급하므로 인체에 필수적인 영양분이다. 원시 시대에는 당분을 구하기가 힘들었기 때문에 인간은 단맛을 좋아하고 추구하게끔 진화되었다. 언제 어디서 또 접하게 될지 모르는 희소한 자원인 단맛은 우리 뇌에 '보는 즉시 먹을 것'이라는 프로그램을 설치하였고 이러한 행동에 대해 높은 쾌감으로 보상하였다. 그러나 현대에는 음식물이 도처에 널려 있고 단 음식도 마음껏 구할 수 있다. 가까운 패스트푸드점은 물론 동네 구멍가게에도 과자와 사탕이 널려 있으며 집에서 요리할 때도 얼마든지 설탕을 첨가할 수 있다. 그럼에도 불구하고 우리의 식욕 본능은 과거에 머물러 있어서 우리는 필요 이상으로 단 음식을 섭취하게 되고 그 결과 비만과 당뇨를 비롯한 각종 질병에 시달리고 있다.

육류 역시 과거에는 사냥을 통해 어렵게 구할 수 있는 자원이었고 잡은 후에는 보관과 저장이 어려웠기 때문에 사냥 후 즉시, 최대한 배불리 나누어 먹는 것이 당연한 일이었다. 누군가의 말대로 최고의 저장고는 동료들의 뱃속이었다. 그러나 오늘날에는 의학, 축산, 유통, 냉장·냉동 기술의 발달로 언제든지 고기를 먹을 수 있게 된 반면에 직접

끝에서 생명이 시작되고 오른쪽 손가락 끝이 현재라고 하면 명치를 지나 오른쪽 어깨 훨씬 너머까지 존재하는 것은 박테리아뿐이다. 공룡들은 오른쪽 손바닥에서 생겨나서 마지막 손가락 마디에서 멸종한다. 기록된 인간의 모든 역사는 손톱 끝에 줄칼을 갖다 대는 순간 모두 먼지가 되어 사라진다. 오늘날의 우리를 포함해서 말이다. 먼지가 되어 날리는 찰나를 우리는 살고 있다.

사냥을 나서지 않아도 되는 탓에 현대인의 운동량은 과거에 비해 현저히 줄어들었다. 고기에 대한 왕성한 식욕만을 여전히 간직하고 있는 우리는 당분과 마찬가지로 필요 이상으로 육류를 섭취하여 온갖 문제를 떠안게 되었다. 현대 사회의 많은 문제들은 과거에 고정되어 있는 마음과 현재의 달라진 상황에 처한 우리의 딜레마에서 발생하므로 진화심리학은 그러한 바탕 위에서 해결점을 모색해야 한다고 제안한다.

😄 감정의 진화

누구나 즐겁고 행복한 감정을 느끼고 싶어 하며 고통스럽거나 슬픈 감정은 피하고 싶어 한다. 물론 때에 따라서는 일부러 슬픈 영화를 보며 감정적 동요를 일으키려는 경우도 있지만 이는 어디까지나 영화라는 공간에 한정되어 있는 경험일 뿐이다. 사랑하는 사람의 죽음이나 세계 대전, 지구 종말 같은 영화 속에서 일어난 부정적인 사건이 자신에게 실제로 일어나는 것을 반기는 사람은 없을 듯하다.

감정은 기본적으로 긍정적인 것과 부정적인 것, 추구하고 싶은 것과 회피하고 싶은 것, 다시 말하면 쾌와 불쾌의 두 범주로 나눌 수 있다. 우리가 관심을 두고 있는 웃음은 쾌락을 나타내는 매우 강렬한 신체적 표현으로 즐거움, 유쾌함, 재미있음, 안전함, 안심됨, 흥겨움, 좋아함, 반가움 등의 긍정적인 감정 상태를 포괄한다. 반면에 울음은 고통, 슬픔, 분노, 동정, 두려움, 당황 등 부정적인 감정 기쁨이나 감동의 눈물은 예외로

하고을 포괄한다.

이러한 쾌와 불쾌의 감정은 인간에서만이 아니라 다른 동물들에서도 찾아볼 수 있다. 애완동물을 키워 본 사람이라면 누구나 동감하겠지만 강아지는 기분이 좋을 때 꼬리를 흔들어 대며 주인의 손을 핥고 살짝 깨물며 장난을 건다. 나름대로 즐거운 감정을 표현하는 것이다. 또한 녀석들은 주인이 야단을 치면 꼬리를 숨기고 머리를 조아리며 무서움과 공포_{심지어 후회와 반성?}를 표현한다. 애완동물뿐만 아니라 많은 야생 동물이 포식자를 맞닥뜨리면 위와 유사한 부정적 감정 반응, 즉 공포를 보인다._{얼어붙은 듯 꼼짝 않고 서 있기, 보는 즉시 줄행랑치기, 온몸의 털을 세우고 싸움에 대비하기 등.}

그렇다면 인간을 비롯한 동물들은 왜 감정을 가지고 있는 것일까? 감정의 역할은 무엇일까? 플라톤이나 데카르트의 철학적 전통에서는 감정을 배제한 이성적 인간만이 진리에 접근할 수 있는 바람직한 인간형이라고 주장하였다. 일상생활에서도 우리는 감정에 휘둘리지 말고 이성적으로 생각해 보라는 충고를 많이 듣는다. 정말 감정은 우리가 올바른 판단을 하지 못하게 방해하는 존재일까?

진화생물학과 진화심리학에 의하면 인간의 감정은 동물의 감정과 전혀 별개의 것이 아니다. 인간과 많은 동물에서 공통적으로 존재하는 공포라는 감정을 예로 들어 보자. 전래 동화에 등장하는 떡장수 할머니처럼 배짱이 두둑하지 않은 다음에는 토끼나 사람이나 호랑이를 맞닥뜨렸을 때 느끼는 감정은 유사할 것이다. 호랑이를 만난 토끼_{혹은 사람}는 자신도 모르게 공포라는 감정을 느끼고 공포심은 뇌로 하여금 근육에 신호를 전달해 뒷다리로 박차고 부리나케 그 자리에서 벗어나게끔 만든다. 공포-도피 행동을 성공적으로 해낸 토끼는 그렇지 못한 녀석들보다 포식자를 피해 살아남아 번식에 도달할 가능성이 높다.

『마음은 어떻게 작동하는가』에서 스티븐 핑커는 감정이 뇌의 최상위 목표를 설정하는 메커니즘이라고 했다. 특정 순간에 촉발된 감정은 생각과 행동이라는 하위 목표를 유발하고 그 순간 당면한 문제를 해결하게 한다. 호랑이와 토끼의 경우, 포식자는 피식자에게 두려움을 촉발시키고 두려움은 피식자에게 도망치기나 대응하기라는 하위 목표를 불러일으켜 짧은 순간의 무의식적 판단을 통해 행동을 취하게 만든다. 그러한 과정에서 살아남은 피식자는 위험에 대한 성공적 대응을 기억하는 장기적 목표를 가동시킨다.

이러한 차원, 즉 진화적 맥락에서 볼 때 쾌와 불쾌의 존재 이유는 명백하다. 생명체의 궁극적인 목적인 생존과 번식에 이로운 역할을 했기 때문에 오늘날 쾌락이나 공포가 존재하게 된 것이다. 특정 환경에서 한 개체가 자신의 생존에 득이 되는 행동을 하여 번식에 유리한 결과를 낳을 때, 그리하여 궁극적으로 자신의 유전자를 널리 퍼뜨릴 수 있는 경우에 뇌가 주는 보상이 곧 쾌락이다. 이와 반대로 자신의 생존에 불리한 행동을 할 때 혹은 생존에 불리한 상황에 빠졌을 때 뇌_{변연계, 특히 편도에 의해 주로 처리된다.}가 자신에게 경고를 주는 것이 공포의 정체이다.

안토니오 다마시오는 『데카르트의 오류』에서 두뇌 손상으로 감정을 느끼지 못하는 환자들을 분석하였는데, 그들은 해결해야 할 모든 문제들을 저울질하여 냉혈한처럼 합리적으로만 판단하기 때문에 오히려 아무런 결단도 내리지 못하는 것으로 나타났다. 감정의 상실은 의사 결정의 상실로 이어졌으며 다마시오는 이성 못지않게 감정도 행위의 중요한 원천이라고 결론지었다. 행동의 연료인 감정이 없으면 인간은 합리적 바보가 되는 것이다. 감정은 이성적 판단에 앞서 본능적으로, 혹은 무의식적으로 우리가 어떤 식으로 사고해야 할지, 어떻게 행동해야 할지를 지시해 주고 그것을 실천에 옮길 수 있도록 에너지를 공급한다. 뇌에는 감정을 위한 뉴런이 배선되어 있어서 상황에 적절한 감정을 촉발하여 생존에 필요한 사고와 행동을 유발한다.

앞서 이야기했듯이 인간은 수백만 년의 진화를 거치며 생존과 번식에 도움이 되는 본능을 우리 뇌에 프로그램해 두었다. 음식을 먹으면 맛있다고 느끼고, 섹스를 하면 쾌감을 느끼며, 높은 벼랑에 서 있으면 어지러움을 느끼고, 맹수를 보면 두려움을 느낀다. 아기가 어두운 방에서 숨이 넘어갈 듯 우는 이유 역시 뇌에 프로그램된 공포 반응으로 설명할 수 있다. 어두운 곳에 홀로 남겨져 있다는 느낌은 격리에 대한 두려움을 작동시키고 이는 수렵-채집 시대의 영아 살해와 포식의 위협에 대비한 적응 기제라 할 수 있다.[4]

하지만 자연선택이 우리 뇌에 심어 놓은 공포라는 경고 기능은 1만 년에 이르는 인간 문명의 역사가 반영되지 않은 탓에 때로는 잘못된 작동을 나타내기도 한다. 현재 환경에서는 위험도가 낮은 사건인데도

---

[4] 세라 블래퍼 허디의 『어머니의 탄생』을 보면, 인간을 포함한 영장류와 포유류에서 영아 살해가 지속적으로 실행되어 왔음을 알 수 있다. 관련 내용은 2장에서 보다 자세하게 다룬다.

공포심을 느끼도록 만드는 것이다. 비행기를 타면 공포를 느끼는 사람들은 추락하면 목숨을 부지할 수 없는 높은 곳에, 게다가 스스로가 통제할 수 없는 상황에 처해 있다는 생각 때문에 힘들어 한다. 그러나 각종 통계 수치들은 비행기가 육상 교통수단보다 훨씬 안전함을 보여 준다. 개개인의 경험에 비춰서도 비행기 사고를 당할 가능성보다는 자동차 사고를 당할 가능성이 더 높다는 것은 주지의 사실이다. 고층 아파트의 베란다 난간에 기대 밖을 내다보기를 꺼리는 것도 마찬가지이다. 베란다 난간이 떨어져 나가거나 발을 헛디뎌 아래로 추락하는 일은 드물며 실제로는 안전하다는 것을 인식하고 있지만 본능적으로 유발되는 높은 곳에 대한 두려움은 어찌하지 못하는 것이다.

공포라는 뇌의 장치는 우리의 이성적 판단에는 아랑곳없이 특정 자극에 반응해 저절로 작동한다. 스트레스 역시 그러한 측면이 있다. 현대인에게 스트레스 반응은 만병의 근원이지만 우리 조상들의 환경에서는 포식자를 대면했을 때 팽팽한 긴장감과 재빠른 육체적 반응을 가능하게 하여 도피나 저항 행동을 불러일으키는 생존 장치였다. 그것이 현대 사회에서는 목숨을 직접 위태롭게 하는 위기 상황이 아닌데도 오작동을 일으켜 우리의 건강을 위협하고 있는 것이다.[5]

만약 앞으로 수백만 년 동안 현대 문명이 그대로 유지된다면 우리 후손들이 본능적으로 공포를 느끼는 대상은 사자나 호랑이, 뱀이 아니라 자동차, 라이터, 가전 기기 등이 될지도 모른다. 현대 사회에서 발

---

5) 랜덜프 네스와 조지 윌리엄스의 『인간은 왜 병에 걸리는가』를 보면 공황 장애나 불안 장애 등이 진화적으로 어떻게 설명되는지를 잘 알 수 있다.

생하는 많은 문제들은 우리가 현실을 이성적이고 과학적으로 바라볼 경우 문제가 되지 않거나 해법을 찾을 수 있는 경우가 많다. 그러나 그러한 문제들이 생겨나기도 이미 오래전에 인간이 하늘을 날아다니리라고는, 그리고 대학 입시나 직장에서의 승진 등에 목을 매리라고는 상상도 하지 못하던 시절에 만들어진 뇌의 본능적 장치, 즉 공포를 비롯한 각종 감정들은 때때로 잘못된 경계경보를 발령해 애초 설계의 취지에 어긋나게 우리 몸과 마음을 피폐하게 만들기도 한다.

🙂 미소의 진화

인간에서그리고 다른 동물에서도 존재하는 '공포'라는 감정이 적이나 포식자를 대면했을 때 그 자리를 박차고 도망가게끔 하는, 즉 인간의 생존과 번식에 도움을 주는 역할을 했기에 오늘날까지 존재할 수 있었던 것처럼 긍정적 감정이자 보편적 감정 표현인 웃음 또한 먼 옛날 '어떤' 역할을 하지 않았을까 추측해 볼 수 있다.

물론 '아니, 즐거우니까 웃는 거지, 무슨 설명이 더 필요해?'라고 생각하는 분들도 계실지 모르겠다. 하지만 이는 마치 인간에서 섹스가 왜 존재하느냐는 질문에 "그야, 즐겁기 때문이지."라고 답하는 것과 같다. 좀 더 쉬운 예를 들면, 인간이 왜 고기를 먹느냐는 질문에 "맛있으니까."라고 답하는 것도 마찬가지다. 보다 정확한 설명은, '섹스는 우리 자신의 유전자를 후대로 전달할 기회를 주므로 우리는 섹스에서 즐거움을 느끼도록 진화했다.'와 '고기는 우리에게 필요한 단백질 등의 영양분을 제공하기에 우리는 고기가 맛있다고 느끼게끔 진화했다.'일 것이다.

본격적으로, 인간의 뇌에 웃음 회로를 장착하게 만든 먼 옛날의 사건, 즉 최초의 웃음이 등장하게 된 배경을 알아보기 위해 웃음의 기본인 미소부터 도마 위에 올려놓고 이야기를 시작해 보자.

소리 없이 빙긋이 웃는 웃음인 미소를 우리는 일반적으로 가벼운 웃음의 일종으로 여긴다. 소리만 내지 않았을 뿐이지, 정도의 차이만 있을 뿐이지 그냥 웃음과 크게 다르지 않다고 생각하고 있는 것이다. 하지만 실제로 일상생활에서 미소를 짓게 되는 때를 돌이켜 보면 미소가 웃음과는 다소 다른 역할을 수행하고 있음을 알 수 있다. 미소는 주로 사람들과의 만남에서 인사나 대화 등을 나눌 때 호의를 표시하는 수단으로써 사용된다. 누군가 만약 인사를 하면서 살짝 미소를 띠는 것이 아니라 소리 내어 웃는 행동을 보였다고 치자. 즉, 예를 들어 "어서 오세요."라는 인사말과 함께 "푸하하~" 박장대소를 했다면 그는 싱겁거나 무례하거나 어딘가 조금 모자란 사람으로 간주될 것이 틀림없다.

만면에 미소를 띨 때 우리가 입술의 양 끝을 당기는 것과 같은 표정은 개들에서도 관찰된다. 다만 이때 개들은 즐거움, 행복감이 아니라 두려움, 복종을 표시하고 있다. 마찬가지로 영장류가 이빨을 드러낸 채 입을 벌리고 있는 표정 역시 다소의 두려움이나 복종을 뜻한다. 다른 동물들에서 외견상 비슷해 보이는 표정이 발견되기도 하지만 인간의 미소나 웃음에 해당하는 명확한 표현은 없는 것이다. 원숭이나 개는 해부학적으로 음식을 씹어 먹는 저작근이 크게 발달했고 표정근은 거의 발달하지 않았기 때문에 인간만큼 얼굴 근육이 섬세하게 조절되지 않는다. 이에 반해 인간은 표정만을 전문으로 하는 표정근이 있고 특히 웃는 표정을 만드는 소근이 세밀하게 발달해 있다. 즉, 미소를 지을 능력이 있는 동물은 인간뿐이다.

그런데 여기서 중요한 점은 인간의 웃는 표정과 유사한 동물의 표정이 하나같이 두려움이나 복종의 의미를 띠고 있다는 것이다. 왜, 인간에게서는 긍정적이고 즐겁고 유쾌한 감정의 상징인 웃음이 다른 동물들에서는 두려움과 복종의 의미를 띠는 것일까? 그저 외형적으로만 유사할 뿐 사실은 둘은 전혀 관계가 없는 것일까? 아니면 과거에는 존재했지만 오늘날에 와서는 사라진 어떤 연결 고리가 둘 사이에 있는 것일까? 그 해답을 암시하는 단서가 아래 예시 문에 숨겨져 있다.

수백만 년 전 아프리카의 사바나 초원, 우리의 조상이 산책을 하고 있다. 그의 이름을 경규라 하자. 경규는 뜨거운 태양 빛과 싱그러운 공기를 마음껏 즐기며 수풀 속을 걷고 있다. 그런데 갑자기 건너편 수풀 속에서 검은 그림자가 어른거리는 것이 보인다. 작지 않은 크기에 움직임이 있는 것으로 보아 동물일 가능성이 높다. 그렇다면 초식 동물일까, 육식 동물일까? 만약 동물이 아니라 사람이라면 그는 나의 적일까, 동료일까? 경규에게로 다가오던 그림자는 드디어 형체가 보일 정도로 가까이 왔다. 경규는 자신도 모르게 만약의 사태를 대비하여 이빨을 드러내며 경고와 위협의 표정을 짓는다. 상대방이 적이거나 포식 동물일 경우 자신이 결코 만만한 상대가 아님을 보여 주기 위함이다. 그런데 수풀 밖으로 완전히 형체를 드러내어 식별이 가능해진 상대는 인간이었고 그의 얼굴을 확인해 보니 옆집에 사는 국진이었다. 친한 동료를 확인한 경규는 긴장을 풀게 되고 안심과 동시에 반가움을 표현하게 된다.

뇌과학자 라마찬드란은 홍적세 인간이 낯선 상대를 만났을 때 이를 드러내는 위협적인 표정을 지은 후 적이 아님을 확인하고 표정을 반쯤 푸는 것을 미소의 기원으로 보았다. 우리와 친척 관계인 유인원들은 처음 보는 다른 개체와 마주치면 대부분의 이방인은 잠재적인 적이라는 정당한 가정하에 처음에는 위협적으로 찡그린 표정을 지으며 송곳니를 드러낸다. 도처에 맹수와 적들이 우글거리는 환경에서는 낯선 상황이나 대상의 출현에 긴장하고 대비를 하는 것이 유리하다. 육체적인 면에 있어서 열량 소모나 스트레스 반응이라는 대가를 치러야 하지만 그 대상이 실제로 위험한 상대로 밝혀질 경우 그는 사전 대비로 목숨을 구할 확률이 높아진다.

이에 반해 매 순간 긴장과 싸움 준비 반응을 보이지 않는 개체는 당장의 에너지 소비는 줄이겠지만 정말로 위험한 상황이 닥쳤을 때 자신의 가장 소중한 자원인 생명을 잃을 수 있다. 이는 오늘날의 소방대원이 처해 있는 상황과 유사하다. 소방대원은 일단 신고를 받으면 지체 없이 현장으로 출동한다. 많은 경우, 화재의 축에도 끼지 못하는 소규모이거나 장난 전화로 판명되어 헛된 노력으로 끝날 수도 있지만 그중 어떤 것이 진짜 결정적 화재인지 미리 알아낼 수 없는 이상 항상 대비하는 것이 낫다. 모든 신고를 잠재적 화재로 간주하고 출동하는 것이 실제로 큰 불을 만났을 때 진화할 확률을 높인다.

잠재적 적이라는 가정하에 긴장과 전투태세를 갖추고 위협적인 표정을 지은 우리의 조상은 상대가 적이나 포식자가 아닌 친지나 가족이라는 사실을 확인하면서 찡그린 표정을 반쯤 풀게 된다. 입을 벌리고 온전히 이빨을 드러내어 위협하던 표정은 사나운 기운을 덜어 내고 이를 살짝만 드러내거나 감추는 것으로 변한다. 이것이 바로 최초의 미소였다. 라마찬드란의 표현을 빌리면 미소는 중간에 그만둔 긴장 반응인 것이다. 이렇듯 미소는 위험하지 않음, 안심해도 됨, 아는 사람임을 의미하는 표정으로 태어났다.

그렇다면 개나 원숭이가 두려움·복종의 순간에 짓는 표정과 인간의 미소가 어떤 관계인지 우리는 이제 이해할 수 있다. 잠재적인 적이나 위험한 동물 등과 같이 두려운 상대를 마주했을 때 우리 조상은 '나는 너를 공격할 수도 있다'는 표정을 지었다. 이는 상대방을 제압할 수 있다는 자신감의 표현인 동시에 상대방을 위협적인 존재로 인식하고 있음을 뜻한다. 결국 애초에 두려움을 내포하고 있었던 미소는 나아가 '나는 너에게 해를 끼칠 의향이 없음은 물론 그럴 능력도 없다, 나는 너의 친구이거나 부하이다'라는 복종의 의미까지 포함하게 되었다.

인간의 미소는 두려움에 겨워 상대에게 복종을 내비치는 동물들의 얼굴 표정에서 출발했다. 개나 원숭이는 여전히 그러한 의미로 찡그린 표정을 짓지만 오늘날 우리는 상냥하고 친근한 감정을 표현하기 위해 미소를 짓는다. 진화의 과정에서 애초에 탄생한 두려움-복종 회로는 전용[6]의 과정을 거치며 더욱 고차원적인 의미를 띠게 되었다. 복종에서 친근함까지의 거리는 비록 짧지 않지만 진화의 세월은 그러한 변화를 가능하게 할 만큼 충분히 긴 시간이었다.

그러나 먼 옛날 미소를 발생시켰던 심리는 여전히 우리에게 남아 있어서 그 흔적을 보인다. 모든 사회적 접촉은 가벼운 두려움이나 긴장을 불러일으킨다. 대인 공포증과 같이 병적인 수준의 불안함까지는 아니더라도 대부분의 사람들은 타인과의 관계에서 어느 정도의 긴장과 조심스러움을 느낀다. 인간의 미소와 웃음은 그러한 접촉의 두려움이 상대에 대한 승인이나 끌림의 감정과 결합했음을 보여 준다. 미소는 만남의 순간 두 사람이 가벼운 두려움을 느끼고 있지만 그 만남이 강렬한 감정의 교류, 혹은 대립으로 이어지지 않고 호의와 편안함을 느끼는 수준으로 잘 마무리되었음을 뜻한다. 상대방에 대해 해를 끼칠 의향이 없다는, 한마디로 우리는 적이 아니라는 의사를 표현하는 수단으로 발전한 것이다.

'불안한 미소'가 시간의 흐름과 함께 친근한 미소로 발전해 가는 과정에서 형태적으로도 약간의 변형이 이루어졌다. 입술 양 끝이 뒤쪽으로 끌어당겨짐과 동시에 위쪽으로 올라가 입술이 곡선을 그리게 된 것

---

[6] 전용은 적응적 특성이 완전히 다른 기능이 아니라 그와 연관된 고위 기능을 위해 사용되는 것을 일컫는다. 라마찬드란은 『두뇌 실험실』에서 전용의 예로, 새의 깃털이 원래는 보온을 위해 진화했지만 나중에는 나는 목적을 위해 적응되었음을 들고 있다. 이처럼 진화에서는 특정 메커니즘이 자리를 잡고 나면 다른 목적을 위해 쉽게 이용될 수 있다.

이다. 이렇게 해서 인간만의 독특한, 친근함의 표시인 미소가 완성되었다. 그리고 이제 우리는 미소의 의미 영역을 확장하여 동정할 때, 인사할 때, 사과할 때, 감사할 때, 승인할 때, 적의가 없음을 표현할 때 누군가에게 미소를 보낸다.

우리는 하루에도 몇 번씩 미소를 짓는다. 이는 거의 무의식적으로 이루어지기 때문에 스스로의 감정과 그 미소에 담긴 의미를 인식하지 못하는 경우가 많다. 더군다나 인간의 미소에 두려움과 복종의 의미가 담겨 있다는 것은 상상조차 하기 힘들다. 그러나 우리의 미소는 과거와 단절된 발명품, 즉 문화적 인공물이 아니다. 우리는 비록 인식하지 못하지만 그것은 먼 옛날 두려움과 복종의 감정에서 출발해 오늘의 모습에 이르렀다.

웃음의 진화

웃음은 미소보다 강렬한 감정 표현이다. 기본적으로 미소의 속성을 포함하고는 있지만 좀 더 적극적이다. 수십 명이 들어찬 강의실에서 저 끝자리에 앉은 학생이 내 얘기를 듣고 미소를 짓고 있는지, 아니면 눈살을 찌푸리고 있는지 알기 위해선 강단에서 내려와 그 학생 앞자리까지 걸어가 봐야만 한다. '육백만 불의 사나이'도 아니고 입꼬리가 살며시 올라가는 자그마한 표정 변화를 어찌 알아챈다는 말인가. 공개 개그 프로그램 무대에 선 개그맨도 마찬가지 심정일 것 같다. 하지만 웃음이라면, 수

십 명이 아니라 수백 명이 꽉 찬 강의실일지라도 단박에 알아챌 수 있다. 특유의 소리나 몸짓을 통해 말이다.

우리는 웃을 때 큰 소리를 내고 환한 표정을 지으며 때로는 손뼉을 치거나 몸을 숙였다가 뒤로 젖히는 등 눈에 띠는 행동들을 보인다. 미소를 표현할 때와 달리 왜 웃을 때에는 큰 소리를 내는 것일까? 무심코 하는 우리 몸짓과 소리에 어떤 의미가 담겨 있는 것은 아닐까? 최초의 웃음도 오늘날의 웃음과 같았을까? 여기 웃음의 기원을 암시해 주는 한 장면이 있다.

우리의 조상 경규는 오늘도 먹을거리를 찾아 초원을 헤매고 있다. 그런데 오늘은 혼자가 아니다. 국진, 태원, 윤석, 성민, 정진, 형빈과 함께 집단 사냥에 나선 것이다. 갑자기 경규의 눈앞에 거대한 체구를 가진 영장류인 듯한 동물이 보인다. 어쩌면 침팬지이거나 고릴라일지도 모른다. 성난 수컷 영장류는 매우 위험하다는 것을 경규는 경험으로 알고 있다. 경규는 송곳니를 드러내고 주먹을 꽉 쥔 후 위협적인 표정으로 상대를 노려본다. 경규를 비롯한 동료들은 온몸의 근육이 긴장되고 심장 박동이 빨라지며 숨소리가 거칠어진다. 이윽고 상대가 모습을 드러낸다. 거대한 동물의 실체는…… 다름 아닌 경규의 친한 동료 구라였다! 경규는 온몸의 긴장을 풀고 안도의 마음으로 "하하하" 큰 소리를 내어 웃는다. 동료들도 누가 먼저랄 것도 없이 함께 웃는다. 그들을 바라보고 있던 구라도 이유도 모른 채 따라 웃는다.

라마찬드란은 웃음에 대한 설명으로 '거짓 경보 이론'을 주장하였다. 웃음은 어떤 개체가 사회 집단의 구성원 중 누군가에게서, 혹은 주위 환경에서 발견한 심상치 않은 비정상성이 알고 보니 사소한 것이고 따라서 걱정할 필요가 없음을 주위에 알리는 신호로 진화하였다는 것이다. 웃는 사람이 그것을 의식하고 있든 아니든 결과적으로 자신이 걱정했던 비정상성이 거짓 경보임을 발견하고 주위 사람들에게 본인들의 소중한 물질적·육체적·정신적 자원을 낭비하지 말라고 공지하는 것이 곧 웃음이다.

　앞서 제시한 경규의 예는 이 이론을 잘 나타내 준다. 경규와 동료들은 처음에는 지각한 위험에 대해 적절한 긴장 반응을 보였으나 그 위험이 심각한 것이 아니었음을 확인하고 함께 웃으며 안도의 감정을 교류했다. 그 웃음은 "괜찮아, 아무 문제없어!"라는 의미였다. 최초의 웃음은 안전을 확인하고 이를 공지하는 안도의 웃음이었다.

　라마찬드란은 거짓 경보 이론에 대한 신경학적 증거를 통각 마비 현상에서 찾아내었다. 통각 마비는 두정엽과 측두엽 사이 주름에 묻혀 있는 도피질 조직에 이상이 있을 때 나타난다. 통증을 비롯한 피부에서 오는 감각 자극들은 일단 도피질에서 취합이 된 다음 변연계의 띠이랑으로 다시 그 정보가 보내져 격렬한 아픔과 통증에 대한 회피 반응을 만들어 낸다. 그런데 도피질과 띠이랑을 잇는 경로가 손상되면 도피질이 아무리 어느 부위가 아프고 잠재적 위협이 있다는 신호를 보내와도, 띠이랑은 그렇지 않다, 아무런 위협도 되지 않는다는 해석을 내놓게 된다. 손가락이 바늘에 찔린 통각 마비 환자가 아파하기는

커녕 오히려 웃어 대는 기이한 증세를 나타내는 이유가 바로 여기에 있는 것이다. 이로써 위협과 그것에 대한 평가 절하라는 두 가지 요소에 의해 웃음이 발생한다는 사실이 확인되었다.

둘 이상 되는 개체들 간에 의사소통이 이루어지기 위해서는, 즉 정보의 교환이 이루어지기 위해서는 의사소통에 가담하는 모두가 인지할 수 있는 신호가 사용되어야만 한다. 혼자만 알고 있는 기호나 수식을 사용한다거나, 외계인이 미적분 기호로 말을 건다고 생각해 보라. 모두가 알고 있는 신호를 사용하되 다른 이들에게 전달이 되지 않는다면, 다행히 외계인이 우리말은 할 줄 아는데 모기 소리만큼 작게 이야기를 한다고 생각해 보라. 의사소통은 절대 이루어지지 않는다. 웃음이 일종의 사회적 신호라는 라마찬드란의 '거짓 경보 이론'은 이런 점에서 웃음이 보이는 다양한 특성들에 대해서도 적절한 설명을 제공해 준다. 특히 '5장 웃음과 사회'에서 다시 다루겠지만, 멀리서도 간과할 수 있을 정도로 웃음소리가 크고 "하하하" 내지는 "호호호", "히히히" 하는 정형화된 소리로 나타나는 이유도 바로 내가 방금 습득한 정보, 즉, '커다란 체구를 한 검은 그림자가 사나운 포식자나 적이 아닌 친한 동료 구라였다'라는 사실을 주위에 널리 알리기 위함이라는 것도 말이다.

우리 조상들은 200~400만 년 전 아프리카 초원에서 대부분의 시간을 맹수의 습격, 사냥과 채집, 외집단 및 내집단과의 갈등, 동성 및 이성과의 경쟁 등 안전과 식량, 생존과 번식에 대한 고민 속에서 보냈다. 그 과정에서 기본적인 문제들을 운 좋게 해결한 조상들은 편안하고 안전한 상황을 유쾌하게 보내자는 신호로써 웃음을 사용하게 되었다. 긴장과 스트레스를 풀고 즐거운 마음을 나누자는 사회적 신호로써 웃음은 진화했다. 웃음은 오랜 진화의 시간을 거치며 자연선택된 생물학적 적응이다.

웃음의 논리

　웃음을 유발하는 농담과 코미디는 대부분 동일한 논리 구조를 가지고 있다. 먼저 무언가 심상치 않은 이야기가 나올 듯이 듣는 이의 기대를 부풀리면서 긴장감을 높여 간다. 그러다 긴장감이 최고조에 이른 부분에서 전혀 기대하지 못했던 반전을 일으키고 그와 동시에 지금까지의 이야기와 모순되지 않는 진술로 새로운 깨달음을 제시한다. 여기서 결정적인 요소는 지금까지의 이야기를 다른 각도에서 재해석하게 만드는 한 차원 다른 발상이다. 기대와 전혀 다르지만 이야기를 완벽히 매듭짓는 요소가 듣는 이의 재미를 더욱 높여 주는 것이다.

　클라이맥스에서 반전을 제시하는 것이 성공적인 유머에 이르는 매우 중요한 길임에는 틀림없지만 그렇다고 모든 반전이 웃음으로 연결되는 것은 아니다. 제시된 반전이 위험하지 않음을 깨닫고 안도감을 얻을 때라야 비로소 웃을 수 있다.

　다음과 같은 상황을 상상해 보자. 뚱뚱하고 거만한 사채업자가 길을 가다가 바나나 껍질에 미끄러져 넘어진다. 이때 그의 머리가 찢겨 온 거리가 선혈로 낭자하다면 사람들은 웃음 짓기는커녕 비명을 지르거나 어찌할 바를 모를 것이다. 그러나 그가 툭툭 털고 일어나 멋쩍어하며 남이 볼까 도망치듯 뒤뚱거리며 달아나는 모습에서 우리는 웃음을 터뜨린다. 보는 이가 지금까지 감지한 비정상성이 잠시 후 패러다임의 전환으로 납득되면서 동시에 보는 이를 안심시키는 작용이 일어나야만 웃음이 유발되는 것이다. 반전이 신체적 안전이나 정신적 안정을 위협하는 치명적 요소를 가지고 있을 때에는 웃음이 일어나지 않는다. 새로운 해석의 결과가 크게 중요하지 않은, 상대적으로 사소한 것일 때 웃음은 발생한다.

웃음의 이러한 논리적 구조는 웃음의 진화론적 기원과 생물학적 기능을 설명해 준다. 현재 발생하고 있는 심상치 않은 상황이 알고 보니 별것 아닌, 안심해도 되는 무언가로 확인될 때 우리는 웃는다는 '거짓 경보 이론'과 정확히 부합하는 것이다. 또한 이를 통해 그곳에 함께 있던 사람들은 서로의 무탈함을 기뻐하며 사회적 결속력을 높인다.

웃음의 구조를 단순화하면 '전제-긴장-반전-안심'이라는 도식으로 표현할 수 있다. 이러한 논리 구조가 처리되는 곳은 두말할 것 없이 우리 머릿속, 즉 뇌이다. 뇌에서 웃음의 논리가 이해되는 과정은 '3장 웃음의 뇌'에서 좀 더 자세히 살펴보기로 하고 궁금하신 분은 지금 당장 3장을 보셔도 좋다. 지금까지는 인간이라는 종의 역사에서 웃음이 탄생한 순간을 추적해 보았으니 2장에서는 한 개인의 삶에 있어서 웃음이 언제 처음 등장하고 어떤 역할을 하며 어떻게 발달하는지를 살펴보겠다.

| 웃음에 대한 전통적 설명들 |

오랫동안 많은 학자들이 웃음에 대해 설명하려 시도했다. 고대 그리스의 철학자에서부터 현대의 정신분석학에 이르기까지, 웃음의 영역을 탐구한 사람들과 그들의 생각들을 잠시 되짚어 보자.

● **우월론**

기원전 400년경 그리스의 철학자 플라톤은 『국가』에서 웃음에 대한 부정적 견해를 표출하였다. 플라톤은 웃음의 기원을 고대 밀림에서 결투가 끝난 후 승자들이 승리의 함성을 지를 때 이빨을 드러내는 것에서 찾았다. 웃음에 담겨 있는 공격성을 간파해 낸 것이다. 또한 웃음으로 야기될 수 있는 비도덕성에 우려를 표명했는데, 타인의 불행을 보고 비웃는 것[7]은 잘못된 것이라 비판하고, 빛에서 어둠으로 향하는 이를 보고 웃는 것과 어둠에서 빛을 향하는 이를 보고 웃는 것은 격이 다른 웃음이라 주장했다.

아리스토텔레스의 『희극론』에서도 이러한 플라톤의 생각이 소개되고 있다. "코미디는 보통 이하의 악인을 모방한다."는 명제로 그의 생각을 유추할 수 있는데 여기서 악인은 우스꽝스러움, 추악함, 사회적으로 부적합함, 부도덕함의 의미이므로 결국 열등한 인물을 비웃는 것에 대해 경고하고 있는 것이다.

홉스는 다른 사람의 불행이나 어리석음 자체가 아닌, 그로 인해 내가 느끼는 우월감, 안도감에서 웃음이 발생한다고 하였다. 웃음이란 일종의 영화glory로서 돌연히 나타나는 승리의 감정, 허영심, 자긍심이라는 것이다. A. 베인 역시 웃음은 타

---

7) 중세에는 난쟁이들과 곱사등이들이 사람들에게 웃음을 주었고, 빅토리아 시대에는 정신 병원에 수용되어 있는 정신 이상자들과 불구자들이 웃음을 주었다.

인의 권위와 체면이 상실되었을 때에 느끼는 쾌감이라고 하였다.

파놀은 "웃음은 승리의 노예다."라고 하였다. 우리가 바나나 껍질에 미끄러지는 사람을 보고 웃는 것은, 정상적인 사람이라면 바나나를 피해 가거나 일단 밟았을지라도 넘어지지 않도록 신체의 균형을 잡을 수 있는데도 조심스럽지 못해서 바닥에 엉덩방아를 찧는 모습에 우월감을 느끼기 때문이라는 것이다. 걸음마를 갓 시작한 어린 아기나 장애를 가진 사람 혹은 몸을 가누지 못하는 노인이 넘어지는 것을 보면 웃음이 나오기보다는 동정심이나 걱정이 앞선다. 오히려 평범하거나 혹은 우월해 보이는 사람이 넘어지는 것은 돌연히, 그리고 갑작스럽게 우리의 우월감을 자극하기 때문에 웃음을 불러일으킨다.

프랑스의 철학자인 베르그송은 웃음에 관한 기계론적 관점을 제시했다. 그는 웃음은 살아 있는 것에 덧붙여진 기계 같은 성질에서 유래한 것으로 자유로워야 할 인간이 의식과 의지가 없는 기계와 같은 운동을 하였을 때, 즉 정신이 물질화하였을 때 웃음이 발생한다고 설명하였다. 바나나 껍질을 밟고 넘어지는 사람이 우스운 것은 그가 생명과 의식이 있는 존재임에도 불구하고 마치 기계나 물체와 같이 바나나를 피하지 못하고 미끄러지기 때문이다. 사람이 사물로 느껴질 때, 자연 속에 끼워진 기계주의를 엿볼 때 사람들은 웃는다는 것이다. 이를 사회적인 관점으로 확장해 보면 인간의 자율성과 주체성을 고려하지 않은 사회의 자동적인 규칙이 웃음의 주된 유발 요인이며, 결국 웃음은 이에 대한 징벌의 성격을 띠게 된다. 계몽주의 이래 합리성의 지배력이 강화되어 가는 사회 내에서의 기계화된 삶에 대한 조롱이라는 사회학적 관점이 포함된 웃음 이론이라 할 수 있겠다.

● 해소론

해소론은 웃음을 생리적·심리적 차원으로 접근한다. 일상생활을 영위하며 쌓인

심리적 긴장이 해소되는 순간에 웃음이 발생한다는 것이 그 근본 원리이다.

프로이트는 웃음은 잉여 에너지의 방출이며 작은 에너지로 정신생활을 수행할 수 있었던 행복한 유아기로의 퇴행이라고 했다. 웃을 때 발생하는 입가의 이완은 어린 아기가 엄마 젖을 배불리 먹은 후 젖가슴에서 입을 뗄 때 나타나는 동작이라는 것이다.

프로이트에 의하면 인간은 누구나 성적이고 공격적인 본성을 지니고 있지만 사회적 제약들로 인해 마음대로 표출하지 못한 채 살아가고 있다. 그 결과 그러한 본성, 생각들은 무의식에 억압되어 깊이 잠들어 있는데, 이렇게 억압된 상태가 지속되어 배출할 기회를 갖지 못하면 인간의 정신은 스트레스를 받게 되고 결국 불안해지거나 신경증에 걸리게 된다. 따라서 우연한 말실수나 꿈, 심리 분석을 통해 본능들이 이끌려 나옴으로써 인간은 욕망을 해소하고 사회의 제도와 문화에 어울리는 삶을 살 수 있게 된다. 농담은 무의식을 드러냄으로써 불안을 감소시키는 심리적 배출구라 할 수 있다. 이와 유사하게 프로이트는 욕설, 음담패설 등도 내면에 축적된 정신적 에너지의 발산으로 보았다.

사회를 다양한 유형의 억압을 행사하는 주체라고 볼 때 우리는 웃음의 순간을 통해 지나친 억압으로 인한 에너지 낭비를 줄인다. 다가올 순간에 대한 그럴듯한 예견과 실제 사태, 두 개의 표상 사이에 존재하는 전위차로 웃음이 발생한다. 과도하게 축적되고 긴장되어 있던 심리적 에너지가 예상보다 낮은 수준의, 긴장을 풀어주는 실제 사태를 맞이하여, 둘의 차이에 해당하는 에너지가 웃음이라는 육체적 경련으로 방출되는 것이다.

웃음의 해소론은 앞에서 논의했던 웃음의 진화적 기원인 위험과 안전이라는 요소를 심리적 에너지의 차원에서 설명하고 있다. 인간 심리의 많은 부분에서와 마찬가지로 프로이트는 웃음에 관해서도 매우 통찰력 있는 해석을 제시하였다.

베르그송의 기계론적 웃음론을 여기에 적용한다면, 자유의지와 의식을 지닌 인간에게는 많은 에너지가 필요하지만 그들이 만일 기계와 같은 모습을 보인다면 예를 들면 넘어진다거나 방귀를 뀐다거나 인간에 비해 단순하고 예상이 가능한 기계에 필요한 만큼의 정신적 에너지만으로도 충분하기 때문에 그러한 에너지의 차이가 웃음으로 방출된다고 할 수 있겠다.

이러한 측면을 사회학적·정치학적 시각으로 해석하자면 웃음은 현실의 고통에 대해 쾌락의 원칙으로 항거하는 자아의 표현이라 할 수 있다. 현실 제도와 규범의 압박에 보다 유연하게 대처하여 자신을 보호하고 자아를 해방시킨다는 점, 이성과 비판적 판단, 억압 등에 농담으로 맞서 싸운다는 점에서 웃음은 정치적이고 해방적이다. 그러나 일종의 환상을 만들어서 현실에서 도피하게 하고 결국 현실 자체를 부인하게 한다는 점에서는 보수적이라고도 할 수 있다.

● 부조화론

칸트와 립스는 웃음이란 무엇인가 중대한 것을 기대하고 긴장해 있을 때 예상 밖의 결과가 나타나 갑작스레 긴장이 풀리면서 우스꽝스럽다고 느끼는 감정의 표현이라고 했다. 해소론과 비슷하지만 논리적, 언어적, 인지적 측면을 보다 강조하는 관점이다.

웃음은 청자가 화자와 의사소통하는 와중에 인지적 과정의 순탄한 경로로부터 이탈하여 오해와 어리둥절함이 유발되는 순간 발생한다. 다른 의미 혹은 다른 가치 영역에 속하는 두 가지 명제의 대비로 말미암아 일어나는 가치 저하 현상이라고도 할 수 있다. 청자가 예상하는 상식적인 의사소통의 경로에 대해 화자가 이를 의식적으로 배반하고 엉뚱한 경로로 이탈하는 순간 청자가 그러한 일탈을 인지하고 화자의 의도를 읽어 냄으로써 새로운 이해가 발생한다. 어긋남, 부조화의 지점, 인지적 불균형이 해소되고 균형이 회복되는 순간 웃음은 터져 나오는 것이다. 이때의 웃음은 유쾌한 깨달음의 표현이다.

베르그송의 웃음론에서 볼 때 목에 힘이 잔뜩 들어가 있는 신사와 걸음마를 갓 배운 아기가 넘어지는 것은 똑같이 우스워야 할 일이지만 실제로 후자에 대해서는 웃음보다는 염려가 앞선다. 이를 부조화론으로 설명한다면, 자신의 몸을 잘 가누지 못하는 아기가 속한 의미 영역과 넘어짐이라는 의미 영역은 유사한 경계를 갖지만 점잖은 체하는 신사와 넘어짐이라는 의미 영역은 뚜렷한 대조를 이루고 있는 탓에 웃음이 발생한다. 즉, 두 의미 영역 사이에서 가치의 저하 현상이 발생하기 때문인 것이다.

내 경험에서 부조화론의 예를 하나 들어 보면, 결혼 후에 장모님과 둘이서 등산을 간 적이 있다. 가파른 경사에서 주춤하시는 장모님의 모습을 보고 나는 점수를 따기 위해 얼른 장모님 등에 손을 받쳐 드렸다. 그러자 장모님이 "업히려고? 나도 힘드네."라고 말씀하시는 게 아닌가! 물론 이는 나의 신체와 건강 상태에 대해 일반인들이 갖고 있는 약골 이미지를 이용한 유머지만 기본적으로는 부조화론으로도 설명이 가능하다. 가파른 길에서 장모님께 손을 내밀어 드리는 행위는 누가 봐도 칭찬받을 만한 행위이나 오히려 핀잔을 듣는 반전으로 인해 인지적 부조화가 발생하고 웃음이 새어 나오는 것이다.

부조화는 말장난 동음이의어에서도 찾아볼 수 있다. 인지 구조상 인간은 기본적인 사고의 방향이 정해져 있다. 기본적 사고 틀은 사물, 사람, 생물 등의 대상에 대한 범주로부터 언어의 의미와 음에 따른 분류에 이르기까지 다양하게 포함하고 있는데, 기본 범주 내에서 의미를 효율적으로 파악하기 위한 마음 장치로서 역할을 하고 있다. 동음이의어는 해당 단어에서 발생하는 의미가 아닌 비슷한 발음의 다른 의미를 강요하는 것이다. 예정된 경로와는 다른 맥락에서의 의미를 강요하여 부조화를 경험하게 하고 다른 의미로의 이행을 통한 깨달음에서 웃음을 불러일으킨다.

● **웃음의 공통 요소**

미국의 유명한 웃음 컨설턴트인 모리얼 박사는 웃음의 핵심 요인을 갑작스럽지만 유쾌한 심리적 전환이라고 지적했다. 즉, 특정한 불균형 상태가 균형 상태로 전환되는 것이 웃음의 공통 요소라는 것이다. 앞에서 제시한 웃음론들은 모두 이러한 관점으로 설명될 수 있다. 우월함을 즐김으로써 규범적 불균형이 해소되고, 긴장된 신경 에너지가 줄어듦으로써 정서적 불균형이 해소되며, 부조화가 사라짐으로써 인지적 불균형이 해소될 때 웃음이 터져 나오는 것이다. 한마디로 "아, 난 괜찮아요."라는 안도감의 표현이 곧 웃음이다.

케스틀러 역시 이와 유사하게 유머의 3요소로 부조화, 해결, 모욕을 들었다. 하나의 준거 틀에서 이루어진 일련의 생각이 지금까지의 맥락에서는 이치에 닿지 않는 예상치 못한 변칙과 충돌할 때 유머가 시작된다. 그리고 그 변칙은 사건이 이해되는 다른 준거 틀로 이동하면서 해결된다. 그는 웃음의 유일한 실리적 기능은 실제적인 압박에서 벗어났다는 일시적인 안도감을 제공하는 것이라고 생각했다.

슬랩스틱 코미디에서는 개인을 믿음과 욕구를 가진 주체로 보는 심리적인 틀과 물리법칙에 종속된 물질 덩어리로 보는 물리적 틀이 충돌한다. 이는 베르그송의 견해와 유사한 것으로, 넘어지고 고꾸라지고 미끄러지며 우스꽝스러운 몸놀림을 보이는 것은 인간의 육체와 정신에 대한 조정 능력, 즉 의식과 사고의 능력이 한 차원 낮은 물질 영역으로 격하된 상태로 인식하게 만든다.

외설적 유머에서는 개인을 위엄과 교양을 갖춘 인격체로 보는 심리적 틀과 역겨운 분비물과 욕망, 본능, 생식 작용의 배출구로 보는 생리적 틀이 충돌한다. 언어적 유머는 한 단어의 두 의미가 빚어내는 충돌에 의존한다.

> 2장
웃음의 발달

미모는 권력이다.

미소는 그 권력의 무기다.

— 찰스 리드

요람에 누운 아기가 무표정한 얼굴로 정면을 바라보고 있다. 마치 놀이 공원의 바이킹을 탄 마냥 화면이 주기적으로 위아래로 움직이다가 아기의 얼굴과 정면에서 맞닥뜨리는 순간, 아기는 까르륵 까르륵 웃음꽃을 활짝 피운다. 아기는 무엇을 보았기에 그리도 기분이 좋은 것일까? 엄마? 아니면 장난감? 아기가 웃음을 터뜨리는 대상이 창 밖 너머 보이는 패스트푸드점의 간판이라는 사실이 밝혀지면서 이 텔레비전 광고는 끝이 난다. 상상력을 자극하는데다 토실토실 귀엽기 짝이 없는 아기의 등장으로 광고는 한동안 패러디를 낳을 만큼 인기가 있었다. 웃는 아기가 등장하는 광고 치고 실패하는 광고 없다는 정석도 있듯이 사람들은 아기의 미소와 웃음에 사족을 못 쓴다.

이토록 매력적인 아기의 웃음은 왜 존재하며 어떤 의미를 지니는 것일까? 하나의 개체로서 우리는 언제 최초의 웃음을 터뜨릴까? 아기의 웃음도 '거짓 경보 이론'의 논리를 따를까? 앞선 장에서는 인류의 관점에서 웃음이 언제 어떻게 등장했는지를 살펴보았다. 이제는 개인의 관점에서 웃음의 시작과 발달을 알아보기 위해 아기 시절 최초의 웃음으로 되돌아가 보려 한다. 인류의 초기 웃음과 개별 인간의 초기 웃음은 과연 공통점을 띠고 있을까?

😀 아기의 미소

아기의 미소는 생후 5주쯤부터 나타나기 시작한다. 미소는 웃음보다 먼저 발달하며 인간 아기에게 매우 중요한 표현 기술의 하나이다. 어머니에게 세상을 다 가진 듯한 행복감을 전해 주는 아기의 미소가 어떤 능력을 가지고 있는지, 그리고 왜 출현하게 되었는지를 이해하기 위해서는 먼저 부모와 자식 간의 관계를 기존과는 다른 시각에서 바라볼 필요가 있다. 바로 유전자의 관점에서 말이다.

부모-자식 갈등

유전자 관점에서 바라본 부모-자식 관계는 일방적인 사랑과 희생의 관계만은 아니다. 유전적으로 자식은 자기 자신과는 100퍼센트 연관되어 있지만, 어머니와는 아버지와도 50퍼센트만 연관되어 있다. 이러한 셈은 거꾸로 했을 때에도 마찬가지다. 어머니는 스스로와는 100퍼센트 연관되어 있는 반면, 각각의 자식과는 50퍼센트씩만 연관되어 있다. 문제는 유전적으로 연관된 정도와 한정된 자원에서 출발한다.

부모가 자식들에게 투자할 수 있는 자원은 한정되어 있다. 특히 아홉 달의 임신 기간과 짧게는 몇 개월에서 길게는 몇 년에 이르는 수유 기간, 그 후에도 혼자서 걷고 말하고 포식자를 포함한 외부의 적들로부터 스스로를 지킬 수 있는 독립적인 어른으로 자라나기까지 유난히 긴 양육 기간을 자랑하는 인간의 경우, 부모에게 자식에 대한 투자는 늘 신중에 신중을 기할 수밖에 없는 문제다. 부모는, 그중에서도 특히 가장 가까이에서 자식을 양육하는 입장에 처해 있는 어머니는 한정된 자원으로 자식들을 성공적으로 길러 내기 위해 타협을 해야 했다. 어머니는 현재 자신의 품에 안겨 젖을 빨고 있는 이 아이와, 나중에 태어날 또 다른 아이 사이에서 자원을 적절하게 배분하려 하지만, 아이의 입장은 또 다르다. 부모가 형제자매보다 자기 자신에게 더 많은 자원을 나누어 주기를 바라는 것이다. 자기 자신과의 유전자 공유도는 100퍼센트지만 형제자매와의 유전자 공유도는 50퍼센트인 탓이다.

이렇게 한정된 자원으로 인해 부모와 자식 간에 발생하게 되는 갈등을 학자들은 '부모-자식 갈등'이라 부른다. 왠지 이 단어를 들으면, 가족 드라마에서 흔히 보는, 결혼을 앞두고 신붓감 혹은 신랑감을 집으로 데려온 자식과 부모가 벌이는 신경전이 연상되지만, 실제로는 그보다 훨씬 전, 엄마 뱃속에서 태아가 착상이 된 바로 그 순간부터 이미 기나긴 갈등의 씨앗은 무럭무럭 싹을 틔우고 있었다.

부모-자식 갈등은 자궁에서 태아가 모체의 인슐린을 억제함으로써 시작되며 출산 후에도 흔히 잘 알려진 젖떼기와 같은 방식으로 계속된다. 인슐린은 혈액 속의 포도당 수치인 혈당량을 일정하게 유지시키는 역할을 하는 호르몬으로, 혈당량이 일정량 이상으로 높아지면 분비되어 혈액 내 포도당을 다당류 글리코겐의 형태로 저장하거나 산화시킨다. 그런데 태아는 태반을 통해 어머니의 인슐린을 억제하는 호르몬을 분비해 혈당 수치를 높인다. 모체의 혈당을 마음껏 흡수하기 위해서이다. 그 결과 산모는 당뇨병 증상으로 건강이 저하되고 이에 반응하여 더 많은 인슐린을 분비하게 되어, 결국 두 호르몬은 평상시 농도보다 1,000배나 더 높은 수치에 도달하게 된다.

젖떼기는 어머니가 자식에게 투자하는 자원의 양과 투자 기간을 놓고 부모 자식 간에 벌어지는 갈등을 직접적이고 가시적으로 드러낸다. 하지만 마음이 내키면 언제든 아기의 입에서 젖꼭지를 철회할 수 있는 어머니와는 달리, 스스로의 몸조차 가눌 수 없는 무력한 아기는 원한다고 해서 아무 때나 엄마의 젖가슴을 차지할 수 없다. 게다가 출산 직후의 아기들은 방치나 영아 살해의 위협을 가장 크게 받는다. 아기가 태어난 시기가 유독 상황이 좋지 않은 때 주변 부족의 침입으로 양육자인 아버지를 잃었다거나, 기근이 닥쳐 어머니가 먹을 것조차 구하기 힘들다거나 등등라거나 아기가 병약하게 태어났을 때 어머니는 현재의 아기를 보살피는 것과 나중에 더 나은 조건에서 태어날 아기를 보살피는 것 사이에서 선택을 해야만 하는 갈림길에 놓이게 된다.

방치나 영아 살해 위협과 같은 극단적인 경우뿐만이 아니라 젖떼기와 같은 일상적인 상황에서도 어머니의 관심을 자극하고 어머니로부터 지속적인 보살핌을 유도하기 위해 아기는 다양한 수단을 구비한 채 태어난다. 그중 하나가 바로 미소와 웃음이다. 부모로부터 투자를 이끌어 내기 위해 갓난아기들은 일찍부터 어머니에 대해 반응한다. 아기들은 미소를 짓고 눈을 맞추며 어머니의 말에 귀를 기울이고 어머니의 표정을 흉내 낸다. 이러한 행동은 아기의 몸과 마음신경계이 건강하다는 신호로써 작용하며, 어머니의 뇌에 귀여움과 사랑스러움이라는 감정을 불러일으키고 아이에 대한 투자를 결심하게 하여의식적 혹은 무의식적, 감정적 혹은 인지적으로 지속적으로 아이를 돌보게 하는 데 일조한다. 결국 미소를 통해 어머니는 아기에게, 아기는 어머니에게 서로 각인되는 것이다.

미소와 더불어 아기들이 동원하는 수단에는 보통 '깨물어 주고 싶다'고 표현하는 두꺼운 지방층의 오동통한 살집과 일반 성인의 신체 비율과 달라서 귀엽게 여겨지는 얼굴과 몸이 있다. 동물학자 콘라트 로렌츠는 아기들이 엄마 뱃속에서는 머리 쪽이 빨리 자라고 다리 쪽은 출생 후에야 발육이 가속화되는 것에 주목하였다. 큰 머리, 짧은 팔다리, 둥근 두개골, 큰 눈, 통통한 볼 등은 귀여움이라는 감정을 유발하는 기하학적 배열로써 어머니로부터 상냥함과 애정을 이끌어 낸다.[8] 나아가 이러한 생김새는 다른 성인들에게도 아기에 대해 귀여운 감정을 갖게 하고, 어린이들이 만화 주인공에 대한 애착이나 동물에

---

8) 『주문을 깨다』에서 데니얼 데닛이 지적했듯이, 아기의 얼굴이 본질적으로 귀여워서가 아니라 자신의 유전자를 담고 있는 탓에 아기의 생김새를 귀엽다고 느끼는 것이다. 아기의 외형에 대해 어머니가 느끼는 감정, 어머니의 감정을 유도하려는 아기의 필요는 서로를 자극하여 아기들은 오늘날과 같은 귀여운 모습을 갖게 되었다.

대한 사랑의 감정을 갖게 하는 데도 중요한 역할을 한다. 이러한 예로 로렌츠는 오리와 토끼의 얼굴을, 스티븐 제이 굴드는 미키마우스의 얼굴을 제시하였다. 우리가 귀여워하는 대상의 대부분은 아기의 모습을 닮았거나 흉내 낸 것들인 셈이다. 얼마 전 연예계에서 시작해 일반인들에게도 불어 닥친 '동안 신드롬'도 크게 보면 이와 같은 맥락에서 비롯된 것이라고 볼 수 있다.[9)]

사실 현대 사회에서도 뉴스를 통해 종종 접하는 영아 살해의 경우 진실이 무엇이건 결코 대면하고 싶지 않을 만큼 냉혹하고 가슴 아픈 현상이다. 하지만 단지 비정상적이라거나 병적인 것이라 치부하기에는 너무도 많은 문화권에서 빈번히 일어나고 있다. 인류 역사 이래 거의 모든 문화에서 생존 가능성이 낮은 아기는 죽게 내버려 뒀고 오늘날에도 일부 국가 혹은 부족들은 여전히 그러한 풍습을 지니고 있다. 또한 특정 기간에 도달할 때까지는 아기에게 손을 대거나 이름을 지어 주기를 거부한다. 아기들이 생존할 수 있는 능력이 있거나 부모들이 아기를 생존케 할 수 있다는 확신이 들 때까지 감정적 연결을 유보하는 것이다.[10)] 이렇게 영아 살해가 존재하는 이유는 유독 그 아기의

---

9) 개인적인 의견을 잠시 밝힌다면, 동안 신드롬은 귀엽고 어려 보이고 싶은 자연스러운 욕망의 발로라고도 볼 수 있겠지만 때로는 육체의 나이뿐만 아니라 정신의 나이까지도 어려지고 싶은, 퇴행의 욕망은 아닐까 하는 생각이 들기도 한다. 노화에 대한 두려움과 젊음을 지속시키고 싶은 욕구는 당연한 것이겠지만, 늙는다는 것이 피할 수 없는 숙명이라면 어떻게 성숙해 갈 것인가, 어떻게 잘 늙어 갈 것인가를 고민하는 것도 필요하지 않을까? 어리고 귀여운 모습도 좋지만 자신의 나이에 맞게, 자신의 얼굴에 책임을 질 수 있게 늙어 가는 모습이 보다 아름답지 않을까 생각해 본다.
10) 다양한 시공간에 걸쳐 갓난아기는 온전한 인간으로 취급받지 못했다. 각 사회는 자신

어머니가 피도 눈물도 없는 비정한 사람이어서가 아니다. 인간 또한 다른 동물들과 마찬가지로 오랜 세월에 걸쳐 자신의 번식 성공을 추구하도록 진화된 존재라는 점에서 '부모-자식 갈등'이라는 구도 아래 어쩔 수 없이 벌어지는 현상이라는 사실을 인식해야만 영아 살해를 인간 사회에서 없애는 데 필요한 실질적인 대책을 강구할 수 있을 것이다.

아기의 유약함

인간 아기의 가장 큰 특징을 한마디로 이야기하자면 극단적 유약함이라 할 수 있다. 아기의 미소는 바로 그 미약함에서 유래한다. 인간 신생아는 다른 동물들은 물론, 여타 고등 포유류 혹은 영장류에 비해서도 극히 불리한 신체 조건을 가지고 있다. 세상에 갓 태어난 인간의 아기는 동물계에서 유례를 찾아보기 힘들 정도로 미숙하며 불안정하다. 갓 태어난 아기의 두뇌 크기는 다 자란 성인 두뇌의 23퍼센트밖에 되지 않는다. 말과 소처럼 네 발 달린 동물의 새끼는 태어난 지 얼마 지나지 않아 걸을 수 있지만 인간의 갓난아기는 근육 운동 기관과 감각 기관이 모두 미발달한 상태여서 몸은커녕 목조차 가누질 못한다. 수면

의 문화적 절차에 따라 인간으로의 진입 시기를 결정했다. 그러한 분기점은 걷기, 음식 먹기, 이 나기 등이 있었고, 미소(5주)와 웃음(4~5개월)도 중요한 기준이었다. 우리 사회에서 성대하게 치르는 아기의 백일이나 돌잔치, 그리스도교에서 행해지는 세례식 등은 아기가 여러 위험을 성공적으로 극복하여 부모의 보살핌이라는 가족의 울타리 안에, 사회의 한 구성원으로 받아들여졌음을 널리 알리고, 앞으로의 아기에 대한 축복과 사랑을 다지는 잔치라 할 수 있다.

중에 사망하는 영아 돌연사 증후군도 이 때문으로 엎어져 자다 코가 눌려 숨을 쉬지 못해도 아기들은 스스로 고개를 돌리지 못하는 탓에 이런 사고가 발생하는 것이다.

어머니의 도움 없이는 무엇 하나 제대로 할 수 없는 연약한 존재인 인간의 아기는 다른 동물 종의 새끼들에 비해 더욱 어머니에게 의존할 수밖에 없었다. 그리고 아기들은 그러한 의존을 위해 어머니가 본능적으로 반응하게 되는 선천적인 능력들을 구비하게 되었다. 인간 아기의 이러한 무기력함은 우리의 관심사인 웃음에도 영향을 미쳤다. 또한 새로운 지식에 대한 습득의 기간이 길어지고 어른에 대한 의존도가 높아짐으로써 문화와 학습의 힘이 커지는 데에도 지대한 영향을 미쳤다. 그렇다면 인간 아기의 극단적 유약함을 초래한 진화적 원인은 무엇일까?

우리 조상들은 나무 위에서 생활하다 땅으로 내려오면서 두 다리로 바닥을 딛고 일어서는 직립보행을 하게 되었고 두뇌를 발달시키게 되었다. 직립보행이나 용량이 커진 두뇌는 인간의 생존에 여러 모로 도움을 주었지만, 반면에 출산을 앞둔 여성에게는 크나큰 장애가 되었다. 직립보행으로 좁아진 산도와 그에 비하면 너무나도 큰 아기는 산모와 아기의 생명을 동시에 위협했다. 그래서 우리 조상들이 택한 방법이 상대적 조산이었다.[11] 여성들은 태아가 미성숙한 상태에서 빨리

---

[11] 이 책에서는 특정 개체나 종 혹은 유전자가 어떠한 형질을 '선택하였다.', '~을 위하여 진화하였다.'라는 표현을 사용하고 있다. 그러나 사실 유전자가 자신의 복제와 전달을 위해 의도적으로 어떤 행위를 구상하고 실행하는 것은 아니다. 이는 독자의 이해를 돕기 위해 우리

분만을 하였고 미리 태어난 아기의 유약함을 만회하기 위해서 아기를 장기간 보살피고 교육시킬 필요성이 대두된 것이다.

인간과 가장 가까운 친척인 유인원처럼 태어날 때 아기가 어느 정도 발육이 되어 있으려면 어머니의 뱃속에서 21개월은 있어야 한다. 그러나 인간 아이는 9개월째에 태어나서 무력한 자궁 밖의 태아 상태로 처음 1년을 보낸다. 인간의 뇌는 신체 크기를 기준으로 볼 때 원숭이나 유인원보다 평균 3배가량 크다. 뇌가 큰 종일수록 젖을 늦게 떼고 성적 성숙이 늦으며 임신 기간이 길어지고 수명도 늘어난다. 출생 후 1년 동안 태아기의 뇌 성장이 연장됨으로써 인간의 뇌는 폭발적으로 성장하게 된다.

이처럼 빨리 태어나 유약할 수밖에 없었던 아기들은 생존을 위한 장치들을 개발하게 되었는데 바로 미소, 울음, 귀여움이다. 아기들이 부모에게 의지할 때 사용하는 가장 대표적인 수단은 울음이다. 인간 아기와 침팬지 새끼는 다른 대부분의 동물 종들과 마찬가지로 울음을 통해 부모의 관심과 보살핌을 요구한다. 침팬지 새끼의 경우 일단 울음소리를 통해 어미의 관심을 끌면 가까이 다가온 어미의 털을 부

일상 언어의 용법에 맞춘 의인법적 비유이다. 우연한 돌연변이 등으로 이루어진 유전자의 변이는 개체에게 다른 형질을 부여하고 환경과의 상호 작용을 통해 생존해 보다 적합했을 경우 다음 세대로 전달된다. 그 결과 해당 유전자는 개체군에서 증가하여 파급되어 나간다. 유전자의 선택과 특정 형질의 발현은 개체와 환경의 상호 작용을 통한 선택과 배제의 과정이지 의도적이거나 계획적인 노력이 아니다. 무작위적 변이를 통한 적응적 특성이 선택되어 생존해 나가는 것이다. 마찬가지로 '유전자가 x를 원한다.'는 표현은 'x를 하는 유전자는 전수될 가능성이 더 높다.'는 긴 표현으로 풀어서 말할 수 있다.

여잡고 품속으로 파고들거나 가슴팍 내지는 등짝에 매달려 웬만해서는 떨어지려 하지 않는다. 「내셔널 지오그래픽」이나 「동물의 왕국」과 같은 다큐멘터리 프로그램에서 어미에게 매달려 이동하는 침팬지 새끼의 모습을 본 적이 있을 것이다. 인간의 아기도 엄지와 검지를 이용하여 양손으로 무언가를 움켜쥐려는 본능이 있는데 이는 아주 오랜 옛날 인간에게 털이 있던 시절에 아기가 매달려 다녔던 흔적이다.

그러나 현재의 인간 아기는 침팬지 새끼에 비해 근력이 부족할뿐더러 어머니에게도 아기가 매달릴 만한 털이 별로 남아 있지 않다. 나무 그늘이 무성한 숲에서 사방이 탁 트인 사바나로 삶의 근거지를 옮겨 오면서 무더운 평원에서 살아남기 위해 머리털과 특정 부위들을 제외한 대부분의 체모가 사라지게 된 것이다.[12] 털옷을 벗어 버림으로써 함께 위기에 처한 체온 유지는 불과 옷의 발명으로 보완되었다. 침팬지나 원숭이들처럼 인간 아기는 앉으나 서나 엄마의 가슴팍이나 등허리에 난 털을 꽉 붙잡고 매달려 있을 수도 없다. 혹시나 엄마가 뿌리치고 갈 마음만 있다면 언제든지 버려질 수도 있는 이런 상황에서 아기가 개발한 것이 바로 미소다. 울음을 통해 어머니를 주변으로 불러들인 아기는 미소를 지어 보임으로써 계속해서 어머니가 자신에게 집중하게끔, 머물러 있게끔 만든다. 그리고 어머니로 하여금 귀중한 시간

---

12) 인간에게서 털이 사라진 것과 관련해서는 이 외에도 여러 가설들이 있다. 그중 하나가 마크 페이글과 월터 보드머가 제안한 기생충 가설인데, 기생충이 없는 건강한 개체임을 상대 배우자에게 선전하기 위해 몸의 털들이 없어졌다는 것이다. 즉, 털 없는 피부는 섹시해 보였고 이는 성선택에 의해 더욱 확대되었다.

과 자원을 투자하게끔 만드는 그 미소는 어머니에게 '아이고 귀여운 내 새끼!'라는 감정을 불러일으키며 심리적인 보상을 준다.

리처드 도킨스는 미소가 자연선택된 것이 부모의 어떤 행위가 아이에게 유리한가를 학습하기 위해서일 수 있다고 추정한다. 어머니는 자신이 아기를 위해 한 행동들 중에서 어느 것이 진정 아이에게 행복과 만족을 주는지 직접적으로 알기 어렵다. 하지만 아기의 반응, 여기서는 미소를 통해 아기가 자신의 행동에 대해 만족하며 행복을 느끼고 있음을 짐작할 수 있다. 어머니의 행위_{자극}에 대해 아기는 미소로 반응하고 이는 다시 어머니에게 행복_{보상}을 느끼게 한다. 미로 속의 쥐에게 먹이가 보상이 되는 것과 같은 의미인 셈이다.

우리에게 최초로 나타나는 미소는 아기의 유약함과 어머니의 보살핌을 이어 주는 사랑과 행복의 다리였다. 아기는 생애 최초로 자신을 보살펴 주는 강력한 안식처인 어머니와, 그리고 어머니는 세상에 유일무이한 자신의 분신인 아기와 강력한 정서적 끈을 연결하는 데 있어서 미소는 결정적으로 중요한 역할을 한다. 아기의 미소는 어머니를 아기 옆에 붙들어 주는 효과적인 유인이 되고 결국 어머니와 아기는 서로에게 각인[13]됨으로써 강력한 상호 애착 관계를 형성한다.

아기와 어머니의 이렇듯 특별한 관계_{생애 최초의 관계, 가장 강력한 관계, 가장 오랫동안 영향을 미치는 관계}를 나타내기 위해 과학자이자 철학자인 알바노에는 '단일성'이라는 표현을 썼다. 아기와 어머니라는 한 쌍은 단일

---

[13] 2장 끝에 '아기 미소와 각인'에 대해 좀 더 자세한 이야기를 실어 두었다. 관심 있는 독자들은 읽어 보기를 권한다.

개체라는 것이다. 우리가 일생을 살아가면서 주변 사람들이나 빛, 소리, 냄새, 땅, 공기 등 환경적 구조로부터 완전히 이탈할 수는 없듯이 어머니로부터도 완전히 분리될 수는 없다는 것이다. 이렇게 어머니와 아기가 하나가 되는 데 있어서 미소는 마치 인력과도 같이 서로를 끌어당긴다.

😊 아기의 웃음

　미소는 어머니와 아기를 밀착시키는 끈과 같은 역할을 한다. 그렇다면 웃음은 어떨까? 아기의 웃음도 진화적 구조를 담지하고 있을까?
　생후 3개월에서 5개월이 지나면 아기는 "까르륵", "꼬르륵"거리는 웃음을 보인다. 이 시기는 아기가 어머니를 알아보기 시작하는 무렵과 거의 일치한다. 웃음에 관한 '모방-학습 이론'은 아기가 어머니의 기분 좋은 감정을 느끼고 그러한 상태에서 어머니가 짓는 웃음을 인식하여 따라한다고 설명한다. 어머니가 즐거운 표정을 하면 아이는 상대가 기분 좋아 하고 있음을 느끼고 따라 웃게 된다는 것이다. 그러나 선천적으로 시각 장애를 지닌 아기들도 웃을 수 있다는 것은 이러한 설명이 불완전함을 암시한다. 또한 전 세계적으로 문화, 역사, 민족을 막론하고 웃음을 비롯한 대표적 감정들은 누구나 알아볼 수 있게 보편적으로 표현된다. 이러한 보편성은 모방과 학습 메커니즘만으로는 설명되지 않으며 조상 대대로 우리의 유전자를 통해 전달되어 왔다는 이론이 뒷받침되어야 온전히 설명된다.

세상과 처음 대면한 아기의 마음은 비교적 안전한 서식지인 나무에서 내려와 거친 사바나의 환경을 맞닥뜨린 우리 조상들의 심리와 크게 다르지 않다. 9개월간 안전한 은신처이자 믿을 만한 식량 공급처였던 어머니의 자궁을 벗어난 갓난아기는 전적으로 세상에 무력한 존재이다. 두렵고 위험하고 낯선 세상에서 아기는 안전을 확보하기 위해, 결과적으로 안전함을 담보할 때 웃는다. 즉, 아기의 웃음은 앞서 설명했던 '거짓 경보 이론'의 축소판인 것이다. 그러므로 아기의 웃음 역시 위험과 안심이라는 기본 심리를 바탕으로 표출되며 아기의 어머니에 대한 안전함과 불안함의 모순적 느낌이 웃음이라는 신체 작용을 통해 드러난다.

어머니는 아기에게 있어서 처음 만나게 되는 세상으로부터의 완벽한 보호자이다. 아기는 어머니의 얼굴을 알아봄으로써 뱃속에서와는 전혀 다른 불안하고 불확실한 세상에서 정서적인 안정을 얻으며, 어머니와 많은 시간을 함께 보냄으로써 서로를 향한 믿음과 신뢰를 강화한다. 그런데 이렇게 안전과 믿음을 표상하는 어머니라는 존재가 어느 날 문득 아이에게 무언가 놀랄 만한 일을 하면 아이는 이중적인 감정 상태에 빠져 든다. 동서고금을 막론하고 세상의 많은 어머니들이 그리고 아버지들도 아기들에게 하는 놀이, 즉 "까꿍" 하면서 손으로 얼굴을 가렸다가 보여 주는 행동이 여기에 속하는데 어머니가 일순간 사라졌다가 다시 나타나는 것처럼 보이므로 아기들은 깜짝 놀랄 수밖에 없다. 그 외에도 손뼉 치기와 아기를 높이 들었다가 내리기, 비행기처럼 흔들어 주기 등 아기를 놀라게 하는 놀이는 다양하게 존재한다.

아기는 어머니의 행동에서 무언가 위험을 감지하지만 어머니라는 존재에 대한 믿음으로 인해 위험한 것이 아니라는 상반된 정보에 처하게 된다. 이처럼 위험하지만 안심이 되는 모순적 상황에서 아기는 두 가지 반응을 동시에 보인다. 절반은 울고 절반은 미소를 짓는 것이다. 아기는 어머니의 행동에 대한 놀람의 표현인 울음과 어머니에 대한 반가움의 표시인 미소를 결합시켜 '미소 띤 꼬르륵 소리'를 내게 된다. 이러한 울음과 미소의 신비한 결합이 바로 최초의 웃음으로 탄생한다. 즉, '나는 이 위험이 진짜가 아니라는 것을 알아요.'라는 의미의 놀이 신호가 아기의 웃음인 것이다.

웃음과 미소는 인간이 가진 특수한 의사 전달 신호지만 울음은 수많은 동물 종에서 공유되는 기본적인 신호다. 동물들의 공통적인 신호인 울음에 기반하여 인간만의 고유한 수단인 웃음이 출현한 것이다. "눈물이 날 정도로 웃었다", "너무 웃겨서 울었다", "배가 아파 눈물이 날 때까지 웃었다" 등 우리의 일상적인 표현에서도 볼 수 있듯이 웃음과 울음은 전혀 별개의 현상이 아니다. 표정이나 소리를 가만히 들여다보기만 해도 인간의 웃음과 울음이 상당히 유사함을 알 수 있다. 정확한 상황을 알지 못하는 경우 종종 누군가 웃는지 우는지 잘 알아보지 못하는 경우도 있지 않은가.

불안과 안심의 이중적 작용을 통한 균형은 '거짓 경보 이론'의 논리를 그대로 담지하고 있다. 우리 조상들의 최초의 웃음, 우리 인생의 최초의 웃음은 동일한 구조를 가지고 있고 현대인의 모든 웃음과 유머에 동일한 토대를 제공한다. 우리가 웃을 때 가장 중요한 요소는 의외의 일이나 신기한 일, 이상한 일, 놀라운 일이 발생하는 것이다. 그러나 그 놀라운 일이 사람들의 심리나 신체를 위협하는 심각한 상황이 아니라는 것을 알게 되면서 우리는 웃음을 짓는다. 웃음이란 위험한 고비를 만났지만 그것을 가볍게 피했다는 기분 좋은 마음의 울림, 안심의 종소리이다. 이러한 생물학적 설명은 인문학적 설명인 '부조화론'이나 '해소론'과도 일맥상통한다고 할 수 있다.

어머니에게 호소하는 방편인 아기의 웃음은 울음과 상보적 관계를 이루고 있다. 울음은 부모의 보살핌에 의해 멈추게 되지만 미소와 웃음은 부모의 보살핌이 클수록 더욱 늘어난다. 아기는 울음을 통해 부모를 불러들이고 미소와 웃음을 통해 부모를 곁에 붙들어 둔다. 울음은 부모로 하여금 아기에게 문제가 생긴 것은 아닌가 하는 공포와 불안을 불러일으킴으로써 부모를 유인한다. 부정적 자극을 통해 보살핌을 유도하는 것이다. 부모, 특히 어머니는 아기의 감정과 고통에 민감해서 마치 자신이 느끼는 것처럼 아이의 감정에 반응한다. 말 그대로 어머니는 아기의 감정과 똑같이 느낀다.[14]

앞에서 설명했던 부모-자식 갈등은 아기의 울음과 관련해서도 발생한다. 아기 입장에서는 실제 필요한 보살핌 이상으로 부모가 자신에게 머물러 주고 신경 써 주는 것이 손해될 게 없기 때문에 특별한 고통이나 배고픔이 없이도 자주 울고 보챈다. 그러나 어머니 입장에서는 아기에게 주어지는 시간과 자원을 다른 생존 활동에 쏟거나 다른 아

[14) 공감의 신경학적 메커니즘은 '거울 뉴런'을 통해서 설명되는데 '5장 웃음과 사회' 부분에서 다시 다룰 것이다.

이를 보살피는 데 내지는 남편혹은 다른 남성과 새로운 아이를 잉태하는 데 쓰는 것이 진화적 손익 계산서상에서 볼 때 더 유리할 수 있다. 그렇기 때문에 진화의 과정에서 어머니는 아기의 울음이 진짜로 고통스러운 것인지 혹은 습관적인 것인지 구분하는 능력을 갖추게 되었다. 실제로 주위에서 아이를 키우는 사람들을 보면 아기의 울음이 배고픔을 의미하는지, 축축한 기저귀에 대한 항의인지, 아픔을 호소하는 것인지 여부를 거의 정확하게 판별해 내곤 한다.

어머니의 이러한 능력에 대해 아기들은 한 발 더 나아가 실제 울음과 가짜 울음을 스스로도 구분할 수 없게끔 만듦으로써 대응하였다. 아기들은 배고프지 않아도 실제 배고픈 것과 똑같은 감정과 소리로 울고 아프지 않아도 실제 아픈 것과 같은 감정과 소리로 울게 된 것이다. 이는 일종의 자기기만으로 배고픔과 통증에 의한 울음과 단순히 어머니를 붙잡아 두려는 울음의 경계를 사라지게 했다. 어른들의 세계에서도 종종 그렇듯이 타인을 속이는 가장 좋은 방법은 자기 자신까지도 속이는 것이다. 아기의 거짓 울음 울기와 어머니의 가짜 울음 판명 기제의 경쟁은 아직도 계속되고 있다.[15]

---

15) 부모-자식 갈등을 비롯해 많은 진화적 전략은 국가 간의 군비 경쟁과 유사한 모습을 띤다. 이웃 국가의 무기 개발은 자국의 군비 확충으로 이어지고 자국의 군비 확충은 다시 이웃 국가를 자극하여 끝없는 군비 경쟁의 순환으로 이어지게 된다.

😄 간질임과 싸움 놀이

아기와 함께하는 놀이 행동은 6개월이 지나면 간지럼으로 발달한다. 인간의 웃음 출현 과정에서 두 사람이 가장 적극적으로 즐거움을 위해 놀이를 추구하여 웃음을 유발하는 행동이 아마 간질임일 것이다. 대부분 어린 시절 부모님과 간질임 놀이를 통해 신나게 웃었던 추억을 가지고 있다. 부모뿐 아니라 형제자매, 친구들과 주고받는 간질임은 그야말로 즐거움이 넘치는 놀이이자 적극적인 애정의 표현이다.

그런데 인간만이 간질임 놀이를 하는 유일한 동물일까? 그렇지 않다. 2,000년 전 아리스토텔레스는 인간이 지구상에서 유일하게 웃음 짓는 생명체라고 주장했지만 사실 침팬지나 고릴라, 오랑우탄도 인간의 웃음과 유사한 행동을 보이고 있다. 영장류를 비롯한 많은 포유류들이 싸움 놀이와 간지럼을 통하여 웃고 즐긴다.

침팬지들도 서로 간지럼을 태우면서 웃는다. 그러나 침팬지의 헐떡임panting은 인간의 "하하하" 하는 웃음과는 다르다. 우리는 숨을 내쉴 때 웃지만 침팬지는 숨을 들이쉴 때와 내쉴 때 모두 웃을 수 있기 때문이다. 침팬지는 주로 숨을 들이쉬며 웃는다. 간지럼이란 공격하는 척하면서 신체의 민감한 부위들을 만지는 행위이다. 많은 영장류 새끼들과 대다수 아이들은 레슬링과 유사한 거친 신체적 접촉을 통해 미래에 있을 싸움을 미리 연습하는 싸움 놀이를 즐긴다.

싸움 놀이는 말 그대로 싸움과 놀이가 결합된 것으로, 뇌과학자이자 심리학자인 마이클 가자니가는 어린 동물들의 놀이 행동이 연습을 위한 과정이라고 설명한다. 놀이의 유용성은 몰래 접근하고 쫓고 도망가는 것을 연습함으로써 신체를 단련하고, 운동 및 인지 능력을 개발하고, 싸우는 기술을 연마하고, 균형을 잃거나 넘어지는 등의 갑작스러운 충격으로부터 효과적으로 몸을 보호하고, 감정적인 측면에서 스트레스가 많은 상황을 능숙하게 처리하는 방법을 익히는 데 있다. 싸움 놀이는 훗날 성인이 되어 실제 사냥과 싸움에 맞닥뜨렸을 때 도움이 될 정도로 격렬한 공격과 방어가 이루어져야만 훈련으로서 효과가 있다. 하지만 여기서 중요한 것은 행위에 가담한 두 개체가 지금 이 행동은 진짜 싸움이 아니라 놀이에 불과하다는 사실을 인지하고 있어야 한다는 것이다. 그렇다면 싸움과 놀이를 구별하게 해 주는, 또는 양자를 결합하게 해 주는 무엇인가가 필요하다. 바로 이 지점에서 웃음이 등장한다.

싸움 놀이 과정에서 영장류들은 입을 벌린 채 윗니를 감추고, 아랫니를 노출하는 인간의 웃음과 유사한 표정을 짓는다. 인간 아이들 역시 싸움 놀이를 할 때 웃는 표정과 자지러지는 듯한 소리를 낸다. 영장류의 놀이 표정은 내가 마치 실제로 공격하는 것처럼 보이지만 사실은 진짜가 아니고 피해도 발생하지 않는 순수한 장난이란 것을 보여 주는 신호로 진화하였다. 가끔은 이 싸움 놀이가 실제 싸움으로 번져 상처를 입기도 하지만 대부분은 서로가 다치지 않는 즐거운 놀이로 마무리된다. 그렇게 서로의 마음을 보여 주는 신호로써 웃는 표정과 소리가 사용되는 것이다.

영장류의 싸움 놀이와 유사한 행동은 개과 동물을 비롯한 몇몇 다른 동물들에서도 발견된다. 집에서 기르는 개들은 종종 주인을 깨무는 것으로 친근함을 표시한다. 상대방이 다치지 않을 정도로 살짝 깨물면서 '사실은 너에게 심각한 상처를 입힐 수도 있지만 그럴 마음이 없다'는 것을 보여 주는 것이다. 즉, 너와 나는 친한 사이임을 공격적인 행위를 통해 표현한다. 칼 세이건은 『에덴의 용』에서 인사의 표시로 사람들이 오른손을 드는 것도 이와 유사한 의미라고 주장했다. "무기로 너를 공격할 수도 있지만 그렇게 하지 않을 거야. 우리는 친한 사이니까."라는 메시지를 상대방에게 전달한다는 것이다. 친근함의 표현으로서 자신의 우월한 공격 능력을 자제하고 무장 해제 상태임을 보이는 것만큼 유용한 방법도 없을 것이다. 이는 간단한 호의를 나타내는 인사로 미소가 사용되는 것과 마찬가지 역할을 하며 웃음은 거기에 더해 적극성을 부여한다.

개들도 웃는다는 주장도 있다. 개들이 상대방 꽁무니를 쫓으며 놀 때 숨을 헉헉거리는 것이 개들의 웃음이라는 것이다. 심지어는 쥐들도 간지럼이나 특수한 접촉을 가하면 웃음소리를 낸다고 한다. 하지만 아쉽게도 이러한 쥐들의 웃음소리는 우리 귀에는 들리지 않는다. 과학자들은 특수한 기계를 사용해 쥐들이 간지럼을 탈 때 손가락을 장난스럽게 물면서 내는 초음파를 감지해 냈는데 녀석들은 간지럼 타는 것을 좋아해서 자극을 계속 가하면 초음파 소리를 계속해서 낸다고 한다.

웃음의 원초적 심리는 많은 동물들이 공유하고 있으며 오랜 진화를 통해 만들어진 가짜 싸움, 싸움 놀이를 위한 감정 표현의 도구로 작동하고 있다. 하지만 인간의 웃음은 쥐나 개는 물론 침팬지를 포함한

다른 영장류의 웃음과는 크나큰 차이를 보인다. 인간의 웃음을 유발하는 자극들은 다양화되어 육체적 간질임뿐만이 아닌 말, 특히 의도적으로 웃음을 유발하려는 목적을 가지고 행해지는 유머를 낳았다. 많은 방면에 있어서 탁월한 예견을 했던 찰스 다윈은 유머가 마음을 간질이는 것이라고 생각했다. 이 얼마나 정확하면서도 시적인 표현인가? 마음의 간질임…… 인간은 이 마음의 간질임을 특히 좋아한다.

웃음에 대한 선구적인 과학자 로버트 프로바인은 웃음을 "의례화된 헐떡임"이라고 설명했다. 그는 싸움 놀이에서 아이들이 뒤엉켜 놀 때 내는 소리를 웃음소리의 기원으로, 그리고 그 행동의 중심에 간질임이 있는 것으로 보았다. 특히 프로바인은 유머를 통해 나오는 웃음은 먼 옛날 조상들의 간질임에서 몇 가지 단계를 거쳐 변형된 언어적 놀이에 대한 응답이라고 결론지었다. 인간의 웃음과 영장류의 웃음 사이에는 몇 단계의 간극이 존재하지만 그 기원은 동일하다는 것이다.

복잡한 인지적 유머는 간지럼을 태우는 것과 동일한 논리적 구조를 가지고 있다. 육체적 위협에 대한 반응으로서의 웃음에서 인지적 유머로 발전하는 것은 진화 법칙의 하나인 '전용'으로 볼 수 있다. 미소와 웃음은 자연선택을 통해 진화되었지만 그 모든 특성들이 현재의 필요에 적응되어 있는 것은 아니다. 현대 사회에서의 웃음은 진화적 기원을 벗어나 마음껏 그 기량을 펼치는 창조의 공간으로 변형되었다. 그러나 일단은 기본에 충실하도록 하자. 이 책은 주로 웃음의 진화적 기원과 그로 인한 원초적 특성에 주목하고 있다. 기본에 충실해야 응용이 가능하다는 것은 누구나 알고 있듯 고등학교 수학에서도 정석이었다.

싸움 놀이와 간질임은 분명 유머와 많은 유사점을 가지고 있다. 웃음의 기본 특성이었던 불안과 안심, 긴장과 해소의 메커니즘을 싸움 놀이, 간질임에서도 찾아볼 수 있다. 양손을 펼치고 상대에게 다가가는 간지럼 동작은 언뜻 보면 공격의 신호와 유사하다. 간지럼을 당하는 아이는 상대방이 자신을 해칠까 두려워하지만 결국 손가락으로 자신의 배와 옆구리를 가볍게 건드리는 것일 뿐이라는 사실을 깨닫게 된다. 위협과 긴장, 그리고 뒤따라 격하와 해소의 과정이 일어나는 것이다. 아이는 마치 다른 아이에게 알리기라도 하듯 웃음을 터뜨린다. "그는 나쁜 짓을 하지 않아. 장난을 치는 것뿐이야."라고.

아기가 어머니와 까꿍 놀이를 하며 불안과 안심을 동시에 느끼는 것이 웃음을 발생시켰듯이, 싸움 놀이와 간질임 또한 신체적 위협을 가하는 듯 보이는 상대방의 몸짓으로 불안한 마음이 들지만 실제로는 즐거운 놀이를 하고 있다는 양가감정 속에서 결국에는 안전하게 끝나리라는 것을 서로가 알고 있으며, 이러한 행동을 즐기고 있다는 표시로 웃음을 발생시킨다. 간지럼은 어린아이가 성인이 되었을 때 유머를 구사할 수 있는 마음의 바탕이 되는 심리 놀이다. 그들은 간질임을 통해 유머의 심리를 체험한다. 간질임은 유머의 예행연습인 것이다.

유형성숙과 인간의 웃음

웃음은 인간에서도 그렇지만 다른 동물들에서도 주로 어린 시절에 발생한다. 싸움 놀이, 간지럼 등의 행위가 주로 어린 나이에 이루어지기 때문이다. 그러나 인간은 웃음의 양은 줄어들지언정 성인이 된 후에도 여전히 웃는 것을 좋아한다. 우리는 평생 웃을 수 있다. 인간의 이러한 능력은 어린 시절이 평생으로 연장되었기 때문이라는 주장이 있다. 이러한 현상을 '유형성숙幼形成熟'이라고 한다.

　유아기의 특성들이 어른이 된 후에도 계속 이어지는 '지체된 성숙'을 뜻하는 유형성숙은 유태보존 혹은 태아화설이라고도 하는데 인간이 원숭이 태아의 특성을 띠고 있다는 가설이다. 특정 단계에서 서로 비슷한 생김새를 하고 있던 인간과 원숭이의 태아는 시간이 흐르면서 원숭이는 어른 원숭이의 형태로 발달해 가지만 인간은 발달 속도가 늦춰진 결과 원숭이의 태아 상태에 머물러 있다는 내용이다. 일종의 발달 지체라고 볼 수 있으며 그 결과 우리는 성장을 멈추고 번식을 시작할 무렵에도 여전히 아기와 같은 특징을 보인다. "사람은 어떤 동물보다 덜 성숙한 상태로 태어나서 그 상태에 머문다."라고 했던 애쉴리 몽테규의 말은 이러한 인간의 발달상의 특징을 잘 표현해 주고 있다.

　침팬지의 경우 10살 정도가 되면 발정기에 이르지만 인간은 평균적으로 18살이 되어야 발정기에 도달한다. 침팬지는 4살 정도가 되면 스스로 음식을 구해 먹을 줄 알지만 인간은 10대 후반에 이르기까지 어른에 의지해 살아간다. '침팬지들의 어머니'라 불리는 제인 구달에 따르면 4~5살의 어린 침팬지들은 스스로 잠자리를 마련하고 막대기 등의 도구를 이용하여 흰개미를 잡아먹기도 한다.

　인간이 어른이 된 후에도 간직하고 있는 원숭이 태아의 특징이란 무엇일까? 거의 사라진 체모, 신장에 비해 큰 머리 비율,[16] 작은 턱, 가느다란 사지, 벌어지지 않는 엄지발가락, 가는 뼈대, 심지어는 여성의 외음부에 이르기까지 우리는 아기 유인원의 모습을 닮아 있다. 인간 어른의 두뇌는 외형적으로 보나 그 특성으로 보나 새끼 침팬지의 두뇌와 흡사하다. 태아 시절의 특징을 연장하는 유태보존으로 인해 인간 조상은 두뇌를 발달시킬 수 있었고 직립 자세로 두 손을 활용할 수 있게 되었다. 손의 자유로운 사용은 피드백 효과를 일으켜 다시 두뇌 발달에 기여했다. 또한 어린 시절을 연장함으로써 인간의 조상들은 부모와 다른 어른들에게 기술과 문화를 교육받을 기간을 늘릴 수 있었다.

물론 태아화설은 아직은 보편적 이론으로 발전하지 못한 가설에 불과하다. 마치 인간을 원숭이 새끼와 같은 수준으로 격하시키는 듯한 느낌을 주어 눈살을 찌푸리는 사람들도 있을 것이다. 하지만 단지 어린 시절뿐만 아니라 평생에 걸쳐 새로운 것에 대한 호기심과 탐구심, 창의성, 놀이에 대한 애착, 장난기 같은 특성을 유지한다는 것은 매우 긍정적인 메시지일 수 있다. 어쩌면 현대 인류가 보유한 눈부시게 발달한 과학 기술과 음악이나 미술 등의 예술 작품, 영화나 텔레비전 등 수많은 즐길거리들은 어린아이 특유의 마음을 잃지 않는 인간의 능력 덕분인지도 모른다. '놀이하는 유인원'이라는 뜻의 호모 루덴스*Homo*

---

16) 갓 태어난 원숭이 머리는 다 자란 원숭이 머리 크기의 **70**퍼센트에 이른다. 나머지 **30**퍼센트도 **6**개월 만에 성장을 마친다. 인간은 갓난아기의 경우 성인에 비해 두뇌 크기가 **23**퍼센트 정도밖에 되지 않으며 태어난 후 **6**년간 급속한 두뇌 성장을 보이고 **23**년간 성장을 계속한다. 인간은 성적으로 성숙한 후에도 **10**년 정도 두뇌 성장이 지속되고 침팬지의 경우 번식 능력을 갖기 **6~7**년 전에 두뇌 성장을 마친다.

*ludens*를 별명으로 가진 우리는 죽을 때까지 놀이와 노래와 춤을 즐기고 모험과 탐험과 여행을 동경하며 책을 읽거나 강좌를 듣고 자신의 관심사를 연구하면서 지식을 축적한다. 한마디로 인간을 인간답게 하는 것, 인간 환경을 오늘날과 같이 지적, 정신적, 문화적으로 풍요롭게 만든 것은 아이와 같은 호기심이라 할 수 있는 것이다.

유형성숙을 보여 주는 대표적 예는 우리와 가족 같은 관계를 맺고 살아가는 개들일 것이다. 애완견들은 늑대의 성장 단계로 본다면 아직 초기임에도 불구하고 성적으로 성숙한다. 새끼 늑대와 같이 코가 짧고 귀가 부드러우며 물건을 찾아서 오는 행동을 보이는 상태에서 개들은 평생을 보낸다. 그 결과 그들은 인간의 가장 친한 친구가 될 수 있었다.

무기력한 상태로 세상에 태어나고 나이가 들어서도 아이다움을 잃지 않는 것은 무엇보다 웃음이라는 인간의 특성과 밀접한 관계를 맺고 있다. 어린아이의 특성인 놀이에 대한 관심과 창의성은 과학의 발전뿐만 아니라 인간의 웃음에 있어서도 핵심적 요소이다. 우리는 어린 시절을 연장하여 평생 동안 아이와 같이 웃고 떠들고 놀며 지낸다. 어린 시절의 간지럼과 싸움 놀이는 성인이 된 후에도 각종 잡담이나 농담, 유머, 영화와 텔레비전의 코미디들을 통해 계승되어 연인, 친구, 가족, 직장 동료, 나아가 모르는 사람들과도 웃고 떠들 수 있게 만들었다. 우리는 행복했던 어린 시절을 웃음을 통해 성인 시기로 연장한다. 그러니 우리 인간은 얼마나 축복받은 존재인가? 특히 나와 같은 코미디언들에게는 더욱 크나큰 축복일 것이다.

| 아기의 미소와 각인 |

아기와 어머니는 미소를 주고받음으로써 서로에게 감정적인 보상을 주고 유대를 강화한다. 미소를 통한 유대 강화는 동물행동학에서 각인이라고 부르는 현상과 일맥상통한다. 각인은 동물이 태어난 직후, 매우 민감한 시기에 특정한 대상에게 노출됨으로써 발생하는 강한 애착을 의미한다. 각인의 대표적인 예로는 오리 새끼나 병아리가 부화한 후 보이는 행동을 들 수 있다. 오리 새끼나 병아리는 알에서 깨어난 후 처음 보는 물체_{대개 크고 움직이는 물체}를 자신의 부모로 생각하여 애착을 형성하고 어디를 가든 졸졸 따라다닌다. 야생 거위가 부화하자마자 마주한 동물행동학자 콘라트 로렌츠의 장화를 어미로 각인하여 늘 로렌츠를 따라다닌 일화는 유명하다.

각인은 '트라우마'라 불리는 정신적 외상과 유사하지만 트라우마가 주로 부정적 경험에 의한 학습을 의미하는 반면, 각인은 긍정적인 애착의 형성을 뜻한다. 공통점은 양자가 모두 짧은 시간에 형성되고 수정이 어려우며 반복을 통해 강화해 줄 필요가 없다는 것이다.

각인은 어머니와 자식 사이에 최초로 경험되는데 이러한 현상은 후에 배우자를 만날 때에도 유사하게 반복된다. 소위 말하는 첫사랑에 대한 애틋한 기억과 집착이 그것이다. 첫사랑에 대한 각인은 사람들 사이에서 마치 전설처럼 퍼져 있고 텔레비전 토크쇼의 단골 메뉴로 등장하기도 한다. 첫사랑의 상대를 각인하여 그_{그녀}를 잊지 못하고 다른 사랑에서도 그_{그녀}와 유사한 사람을 찾게 되는 것이다.

인간 아기의 경우 태어난 후 몇 달 동안 민감한 사회화의 시기를 거치는데 특히 어머니에게 오랫동안 지속되는 깊은 애착을 느끼게 된다. 애착은 어머니에게 받는 물질적 보상에만 의존하는 것이 아니라 각인 특유의 메커니즘인 노출에 의해 형성된다. 각인의 메커니즘에서 어머니의 다양한 보상_{먹을 것 주기, 안아 주기, 눈 맞추기, 미소 짓기}도 중요하지만 결정적으로 중요한 것은 아기 곁에 함께 있는 시간, 즉 노출의 양이다. 각인이 형성되기 위해서는 그러한 기능을 담당하는 신경 회로가 배선될 수 있을 만큼의 시간적 노출이 필요한 것이다.

옥시토신은 부모 자식 간에 애착을 형성하게끔 만드는 신경 전달 물질인데 여기에도 특히 민감한 결정적 시기가 존재한다. 어린 시절의 애정 어린 친밀한 접촉은 부모와 자식의 뇌에 신경 전달 물질과 호르몬을 통한 신경 배선의 변화를 초래하여 영구적 기억을 형성하게 하는 것으로 보인다. 의식적이건 의식적이지 않건 이러한 감정적 창고는 성인이 된 후 우리의 사랑이나 사회생활에서 일정한 영향력을 행사하는 것 같다. 애정 어린 친밀한 접촉이 없는 상태에서 자란 아이들은 나이를 먹어서 다른 사람들과 유대를 맺는 데 문제가 있을 수 있다는 사실이 몇몇 연구들을 통해 드러나기도 했다.[17]

우리 삶에서 첫 3년 동안은 얼굴을 알아보고 표정을 읽는 비언어적 의사소통을 통해 사람들과 관계를 맺는 우뇌의 지배를 주로 받는다. 아기는 오른쪽 전두엽의 주요 영역이 발달하면서 어머니와의 애착이라는 뇌회로를 형성한다. 언어를 통한 상호 작용은 주로 좌뇌에서 이루어지는데 이는 우뇌에서의 애착 형성 이후에 나타난다. 아기가 말로 표현하지 못해도 부모들은 꾸준히 아기에게 관심을 보이고 접촉을 유지해야 하는 이유가 바로 이 때문이다.

이성 간에 혹은 가족 간에 나타나는 사랑이나, 자녀 양육 등을 진화적 관점에서

---

[17] 일정 시간 이상 서로를 마주하며 형성한 애착을 데스먼드 모리스는 "아기의 마음 창고에 쌓아 놓은 감정의 예금 계좌"라고 표현하였다. 이 기간에 어머니에게 충분한 사랑의 감정을 느낀 아기는 이후 사회생활에서도 감정적으로 성숙한 개인으로 생활할 수 있다는 것이다. 심지어 그는 어릴 적, 혹은 청소년 시절 부모의 이혼에 대처하는 자녀의 반응도 이 시기에 축적된 감정 계좌의 충실함에 의존한다고 하였다. 어린 시절 충분한 사랑을 받은 아이들은 부모의 이혼에 대해서도 더욱 성숙하게 대응한다는 것이다. 아기와 어머니의 미소 교환은 그러한 감정 창고를 채우는 중요한 보물 중 하나라고 할 수 있다.

설명하면 가끔 사람들은 모든 것이 본능이고 이미 정해져 있는 수순을 밟아 가는 것일 따름이라면 사랑과 부모의 은혜는 무의미한 게 아니냐는 질문을 던진다. 또 어떤 이들은 우리의 삶과 사랑은 그렇게 목적이나 이득을 쫓아 움직이는 것이 아니라 진실된 감정이라며 설명 자체를 거부하고 무시하려 든다. 그러나 이는 분석의 두 차원을 혼동하고 있는 것이다. 진화심리학자이자 언어학자인 스티븐 핑커는 이를 궁극원인과 근인이라는 용어로 설명하고 있다. 근인은 '무엇이'와 '어떻게'에 관해, 궁극원인은 '왜'에 관한 설명을 제공한다. 즉, 인간의 행동을 진화적으로 설명하는 것은 궁극원인이고 지금 여기에서 우리가 어떻게 느끼고 무엇을 행하는가를 설명하는 것은 근인이다. 사건과 현상에 대해 좀 더 깊이 있는 성찰을 위해서는 근인과 궁극원인을 동시에 입체적으로 고찰할 필요가 있을 것이다.

우리는 자신의 유전자를 후대로 전달해 주기 때문에 자식을 사랑하고 보살핀다. 이러한 설명은 궁극원인에 관한 것이다. 그러나 자녀를 기를 때 누구도 유전적 이득을 머릿속으로 계산해서 행동에 옮기지는 않는다. 우리는 자녀가 너무나 예쁘고 사랑스러워서 소중히 여길 뿐이다. 이것이 현재에 우리가 어떤 행동을 하는 근인이다. 사랑하는 연인을 바라볼 때도 마찬가지다. 우리는 상대가 너무나 매력적이라 거부할 수 없는 사랑에 빠질 뿐, 그 혹은 그녀가 나의 유전자를 길이길이 후대에 남겨 줄 유전적 특성들을 지니고 있는지 머릿속으로 일일이 따져 보지는 않는다.

3장

웃음의 뇌

웃음과 울음은 모두
좌절과 피로에 대한 반응이다.
하지만 나는 웃음을 더 좋아한다.
왜냐하면 나중에 뒤치다꺼리를 할 게
별로 없으니까.

― 커트 보네거트

우리 몸에서 가장 중요한 신체 기관을 꼽으라면 대부분의 사람들이 1초의 고민도 없이 "뇌."라고 답할 것이다. 물론, 개중에는 심장을 꼽을 사람도 있겠지만, 심장 또한 뇌 없이는 제 기능을 수행할 수 없으므로 결국 영예의 왕관은 뇌에게로 돌아갈 것 같다.

뇌에 손상을 입을 경우, 심각하게는 숨을 쉬는 것 외에는 스스로 몸을 움직이거나 어떠한 의사 표현도 할 수 없는 식물인간에서부터 시각, 기억, 언어 능력 등을 상실하는 것에 이르기까지, 살아 있는 것의 의미뿐 아니라 인간이라는 존재 자체를 고민하게 만들 정도로 뇌는 인간에게 있어 매우 중요한 신체 기관이다. 일본의 젊은 작가 세나 히데아키는『브레인 밸리』에서 "인간은 모두 '뇌의 작은 화학 반응에 춤추는 꼭두각시'인지도 모른다."고 말하기까지 했다.

이렇듯 인간의 모든 활동이 뇌와 관련되어 있기에 뇌를 빼놓고는 웃음을 진정으로 이해했다고 말할 수 없다. 이 장에서 우리가 던질 질문은 다음과 같다. 웃음을 관장하는 뇌는 어디인가? 우리 뇌의 어떤 부위가 유머의 이해에 관여하는가? 웃음은 뇌의 어떤 물질들과 관련을 맺고 있는가? 웃음을 가능하게 하는 뇌의 작동 원리는 무엇인가? 자, 그럼 지구상에서 몸무게 대비 가장 큰 뇌인 호모 사피엔스의 뇌 속으로 탐험을 떠나 보자.

😆 웃음을 담당하는 뇌

인간의 뇌는 그 끝을 알 수 없는 우주만큼이나 복잡하다. 일반적으로 뇌는 1000억 개의 뉴런과 100조 개의 시냅스로 이루어져 있다. 모래 한 알 정도의 크기에 10만 개의 뉴런이 10억 개의 시냅스를 형성하고 있으며 대뇌피질에는 300억 개의 뉴런이 60조 개의 시냅스를 형성하고 있다. 뇌의 뉴런과 관련된 숫자들은 일상생활에서 우리가 사용하는 숫자들의 한계를 넘어서기 때문에 통상적인 우리의 직관과 상상력을 뛰어넘는, 말 그대로 상상을 초월하는 천문학적인 수치들을 나타낸다.

뇌세포인 뉴런은 다른 세포들과는 달리 움직이지도 분열하지도 않는다.[18] 대신 나뭇가지나 촉수처럼 무언가 새로운 것을 배우면 가지를

---

[18] 최근 해마와 같은 기관에서는 뇌세포가 새로 만들어지는 것이 발견되었지만 이 책에서는 전체적인 뇌세포의 특성을 위주로 하고 있다.

뻗어 새로운 회로를 형성하거나 기존 회로를 강화한다. 여기서 가지는 정보를 수용하는 수상돌기와 정보를 송신하는 축색돌기로 구분된다. 시냅스는 뉴런들 사이에 얇은 틈새를 두고 연결되는 가느다란 통로로서 이곳에서 뉴런은 의사소통을 한다.

뇌의 부위와 역할에 대해 간략하게 이야기하면, 인간의 뇌는 크게 대뇌, 소뇌, 뇌간으로 구분할 수 있으며, 대뇌는 다시 신피질새겉질과 구피질옛겉질, 변연계로 구분할 수 있다.

뇌간은 심장 박동, 숨쉬기, 위장·관 운동 등 생리적 자율 기능을 담당하고 있으며 소뇌는 우리 몸의 움직임과 균형 잡기에 관여한다. 신피질은 흔히 이성의 뇌라고 표현되기도 하는데 언어 중추를 대표로 하는 분석적, 논리적 기능을 담당하는 좌뇌와 공간 관계를 대표로 하는 종합적, 전체적 접근을 담당하는 우뇌로 나뉜다. 전두엽은 상황을 판단하고 결정을 내리는 일을 하고, 두정엽은 공간, 계산, 정보의 연합을 맡는다. 후두엽은 사물을 볼 수 있게 하고 측두엽은 세상의 소리를 듣고 냄새를 맡는다. 변연계는 다양한 하위 부위로 이루어져 있으나 전체적으로 기쁨과 공포, 사랑 등의 감정과 기억에 관여한다. 변연계 내부의 편도는 기쁨과 공포를, 해마는 기억을, 시상하부는 잠, 식욕, 성욕 등의 호르몬 조절을 담당하고 있다.

그렇다면 웃음에 관여하는 뇌 부위는 어디일까? 많은 인간 행동이 그렇지만 웃음 역시 단일한 영역이 주관하고 있지 않다. 우선 '웃는다'라는 행동을 직접적으로 조절하는 것은 뇌간이다. 우리는 웃을 때 숨을 들이마시고 다시 내쉬는 동시에 성대를 사용하여 숨을 짧게 끊는다. 이러한 활동은 거의 무의식적이고 자율적으로 발생하는데 운동 신경에 명령을 내려 가로막횡경막과 갈비뼈의 근육을 움직여 웃게 만드는 부위가 바로 뇌간이다. 뇌간은 웃음에 관련된 육체적 움직임을 제어하는 역할을 한다.

우습다는 것을 파악하여 뇌간에 웃으라는 명령을 내리는 부위는 신피질이다. 유머를 이해한 신피질이 뇌간에게 명령을 내리는데, 이때 웃음은 상황의 판단인 동시에 감정의 영역에 속해 있기 때문에 변연계의 역할도 중요하다. 특히 변연계에 속한 시상하부의 중심 부분은 조절할 수 없을 정도로 크게 터져 나오는 웃음을 만드는 데 중요한 역할을 하는 것으로 알려져 있다.

1988년 3월 미국 캘리포니아 대학교의 이차크 프리트 박사가 뇌에서 '웃음보'를 발견했다는 사실이 알려져 한동안 화제가 되었다. 고단위 단백질과 도파민으로 형성된 4제곱센티미터 크기의, 왼쪽 전두엽과 변연계가 만나는 'A10 영역'을 자극하자 피험자는 우습지 않은 상황인데도 웃음을 터뜨렸다. 또한 웃음보가 뺨의 근육을 움직이며 즐거운 생각을 촉발해 웃음 동기를 부여한다는 사실도 확인되었다. 먼저 웃고 난 후에 그 이유를 만드는 것이다. 이는 의식적으로 웃는 표정을 짓는 것이 정신 건강에 좋을 수 있음을 보여 주는 증거라 할 수 있다.[19] 또 다른 연구에서는 전두엽의 아래쪽이 웃을 때 활성화되는 것이 MRIMagnetic Resonance Imaging, 자기 공명 영상를 통해 확인되었다.

---

[19] 웃음이 우리 건강에 미치는 영향에 대해서는 '6장 웃음과 건강'에서 자세히 다룰 것이다.

변연계의 역할 중 하나는 잠재적인 위협에 대비하도록 하거나 경보를 울리는 것이다. 앞서 살펴본 라마찬드란의 '거짓 경보 이론'에 따르면 웃음은 거짓 경보에 대한 중단된 경계 반응이다. 위협과 안심이라는 느낌에 관여하는 것이 변연계이므로 변연계는 웃음의 핵심 장치라 할 수 있다. 여기에 대뇌피질이 주위 환경으로부터 입력된 자극에 대해 웃음의 양을 조절하고 뇌간의 회로에 스위치를 켜면 전형적인 웃음이 발생하는 것이다. 소뇌의 시스템은 그 후 웃음을 더욱 섬세하게 조정한다.

결국 웃음은 뇌의 여러 부위가 협업하여 이루어 내는 관현악이라 볼 수 있다. 공포감은 특정 부위에 국한된 경우가 많아 뇌를 다쳐도 그 부위가 손상되지 않으면 보존된다. 그러나 웃음은 두뇌 어느 한 부분만 손상을 입어도 치명적인 영향을 받는다. 이러한 사실은 웃음이 뇌의 여러 영역에 걸쳐 종합적으로 작용한다는 것을 뒷받침한다.

아기의 미소에 반응하는 어머니의 뇌는 어떨까? 다른 사람들을 보며 웃을 때 혹은 미소 지을 때와 동일하게 뇌가 작동하는 것일까? 뇌과학에 따르면 어머니가 자식을 바라보며 짓는 흐뭇한 미소는 어머니 뇌의 도피질, 앞쪽 대상회, 안전두엽, 미상핵이 활성화되어 나타난다. 이들은 사랑하는 연인 사이에서 서로를 바라볼 때 활성화되는 영역이기도 하다. 그러므로 애인끼리, 그리고 부모 자식 간에 서로를 바라보며 느끼는 행복한 감정은 근본적으로는 유사한 것이라 할 수 있다. 그러나 뇌간의 도수관 주변 회백질PAG은 부모가 자식을 바라볼 때 생기는 흐뭇한 미소, 행복한 미소에서만 활성화된다.

PAG는 옥시토신과 바소프레신이라는 호르몬의 수용체가 밀집되어 있으며 변연계, 안전두엽과 밀접한 연관을 맺고 있다. 안전두엽은 시각, 청각, 후각 등의 감각이 즐겁게 느껴질 때 활성화되는 부위이며, 옥시토신은 출산 과정에서 모든 포유동물 암컷이 분비하는 호르몬으로 자궁 수축을 유도하고 유선을 자극하여 젖을 생산하도록 한다. 바소프레신은 수컷 포유동물에서 배우자와 자녀에 대한 애착을 형성하게 한다. 옥시토신과 바소프레신은 섹스 후 배우자에게 느끼는 융합, 가까움, 애착의 감정에도 기여하는 것으로 알려져 있다. 간단히 말해 옥시토신과 바소프레신은 일부일처제의 결혼생활을 성공적으로 이어 나가는 데 반드시 필요한 신경 전달 물질인 것이다. 실제로 바람둥이 프레리들쥐에게 옥시토신과 바소프레신을 주입했더니 일부일처제를 형성하고 짝에게 애착과 헌신을 보였다고 한다.

결국 부모가 자식을 바라보며 짓는 미소는 연인 사이에 나타나는 미소와 유사하면서도 짜릿하고 강렬한 쾌감보다는 따스하고 뭉클한 애착의 감정에 좀 더 가깝지 않을까 추정해 볼 수 있다.

😊 웃음의 논리를 처리하는 좌뇌와 우뇌

소개팅이나 동창회, 연말 모임 등에 나가면 그 자리의 분위기를 좌지우지하는 사람들이 꼭 한 명씩은 있다. 누가 시키지 않아도 자발적으로 나서서 테이블에 앉은 이들이 자리를 뜨기 직전까지 연신 배꼽을 잠게 만드는 그런 사람 말이다. 그런데 모두가 깔깔거리며 웃고 있는 바로 그때, 유머를 이해하지 못해 무표정한 얼굴로 앉아 있거나 엉겁결에 따라 웃으며 "그게 왜?" 내지는 "뭔데?"를 연발하며 웃고 있는 옆 사람 어깨를 툭툭치는 사람도 어느 자리에나 꼭 한 명씩은 있다. 왜 누군가는 유머를 이해하고 누군가는 이해하지 못할까? 과연 그들에게는 어떤 차이가 있는 것일까?

간질임을 통한 웃음이나, 귀여운 아기를 보며 짓는 미소와 달리, 유머나 농담, 코미디는 일정한 논리 구조를 가지고 있다. 따라서 뇌, 그중에서도 앞에서 언급한 바 있는 신피질에서 이 논리가 처리되는 과정을 거쳐야만 우리에게 웃음을 선사할 수 있는 것이다. 현대인의 웃음은 진화적 전형성에서 벗어나 다양한 층위로 확장되었지만 여전히 웃음의 기본 회로를 토대로 하고 있다.

그런데 지금까지의 연구 자료들에 따르면 유머를 처리하는 데 있어 좌뇌와 우뇌는 각기 다른 역할을 하고 있는 것으로 추정된다. 좌뇌는 농담을 처음 받아들일 때, 즉 전제나 상식적 이야기로 시작되는 농담의 앞부분에서 중요한 역할을 하며, 우뇌는 농담이 시작된 후 반전이 일어나는 부분, 상황을 창의적으로 해석하여 유머가 발현되는 지점에서 역할을 한다.

웃음의 논리가 처리되는 과정을 이해하기 위해 우선 좌뇌와 우뇌가 지닌 특성들을 간략히 살펴보도록 하자. 좌뇌는 오른손, 오른발 등 우리 몸의 오른쪽 절반의 촉각적 감각을 받아들이고 움직임을 관장하는 반면, 우뇌는 우리 몸의 왼쪽 절반의 촉각적 감각을 수용하고 움직

임을 담당한다. 또한 좌뇌는 언어 구사 및 본질에 대한 합리적인 분석과 관련이 있으며, 우뇌는 공간이나 사람 얼굴의 분석, 패턴에 대한 인식, 새롭게 떠오르는 통찰, 창조적 아이디어와 관련되어 있다. 유머 역시 상황과 문맥에 대한 이해는 분석적인 좌뇌가 수행하고 이를 기반으로 새롭게 탄생하는 의미를 깨닫는 것은 우뇌의 역할이다. 이를 진화적 기원과 연결시켜 보면 잠재적 위험을 감지하는 것은 좌뇌의 역할이고 그것이 착각이었음을, 완전한 오해였음을 통찰하는 것은 우뇌의 역할이라 할 수 있다.

여기서 잠시 짚고 넘어갔으면 하는 게 있다. 이 책에서는 편의를 위해 좌반구와 우반구의 기능을 명확히 구분하여 이분법적으로 다루고 있다. 이는 다소 위험한 접근 방식일 수도 있는 것이 우리 뇌에는 가소성이 존재하여 때로는 다른 장소의 다른 부위가 특정 역할을 대신 떠맡기도 한다. 또 개인의 발달적 특성으로 자신만의 독특한 뇌를 가질 수도 있다. 그러나 특수한 상황들왼손잡이, 외상이나 수술에 의한 뇌질환 환자들, 선천적으로 평범하지 않은 뇌를 가지고 태어난 사람들 등을 예외로 한다면 좌뇌와 우뇌에 대해 서로 상대적으로 더 특화되어 있는 부분을 중심으로 일반적 진술을 할 수 있다.

좌뇌와 우뇌의 특성을 비유를 통해 조금 더 설명해 보면 좌반구는 항상 원래의 방법을 고수하려는 보수적 관료와 비슷하고 우반구는 토머스 쿤식의 패러다임 전환을 강제하려는 진보적 개혁가와 비슷하다고 볼 수 있다. 좌반구는 작은 변화들에 대처하여 일관성을 부과하고 우반구는 새로운 상황에 통찰력을 발휘하여 패러다임을 전환한다. 좌뇌의 역할은 믿음 체계를 형성하고 새로운 경험을 거기에 덧붙이는 것이다. 기존 믿음에 대치되는 상황을 맞이했을 때 좌뇌는 현 상황을 유지하기 위해 프로이트식의 부정, 억압, 작화증, 자기기만 등의 방어 기제에 의존한다. 후에 이야기하겠지만 뇌과학자 마이클 가자니가는 뇌 분리 환자를 통해 좌뇌의 작화증을 실험적으로 증명해 냈다.

이에 반해 우뇌는 현 상황에서 비정상성이 발견되면 그것에 의문을 제기하면서 총체적인 정합성을 모색한다. 비정상적 정보가 어느 정도 쌓여 임계점에 도달하면 우뇌는 전체 모형을 완전히 수정하고 처음부터 다시 시작한다. 우뇌는 차이를 감지하고 사실을 확인한 후 새로운 통찰을 제공한다. 바로 이 지점에서 유머의 이해 작용이 완성된다. 전형적 웃음 구조인 감지된 위험의 거짓 확인 작업이 이루어지는 것이다.

킴 빈스테드와 그레이엄 리치는 우뇌가 손상된 사람들은 농담을 잘 이해하지 못한다고 보고했다. 농담에 반전이 들어가야 한다는 것은 이해하고 있지만 어떤 문장이 앞 문장과 논리적인 흐름으로 이어져 유머로 작용하는지를 인식하지 못한다는 것이다. 유머를 이해하는 데 우뇌가 담당하는 역할을 살펴보기 위해 브로넬과 하드너는 우뇌를 손상당한 환자를 대상으로 실험을 실시한 바 있는데 이 실험을 우리나라 사람들에게 익숙한 농담으로 재구성하면 다음과 같다.[20]

바에서 한 여인이 홀로 앉아 칵테일을 한 잔 하고 있었다. 그런데 조금

---

[20] 원래 실험은 『괴짜 심리학』에 수록되어 있다.

떨어진 곳에 앉아 있는 근사한 청년 경석이 한참 동안 자신을 지켜보고 있음을 느꼈다. 여인은 살며시 다가가 은근한 미소를 입가에 띠며 물었다.
"제 얼굴에 뭐라도 묻었나요? 아까부터 뚫어지게 절 쳐다보시더군요."

이 말을 듣고 경석은 뭐라고 했을까? 다음의 보기 중에서 골라 보자.

1. "네, 알면 닦으시죠."
2. "앗, 죄송합니다. 실례했습니다."
3. "저는 이종 격투기를 무척 좋아합니다."

농담이 성립하려면 경석은 1번과 같이 답해야 한다. 2번은 문맥에는 무리가 없으나 의외성의 결여로 농담이 아닌 평범한 상황이 된다. 3번은 매우 의외성이 높지만 문맥에 맞지 않고 논리적으로 이어지지 않는 문장이므로 유머가 성립될 수 없다. 우뇌에 손상을 입은 사람은 평범한 사람에 비해 3번을 선택하는 경우가 많았다. 그들은 농담의 기본 특성은 인식하고 있다. 농담에는 앞의 이야기에서 이어질 평범한 흐름을 깨는 반전, 충격, 전환이 있어야 한다는 것은 알고 있지만 어떤 문장이 논리적이고 문맥에 맞는 것인지 판단하지 못하는 것이다. 즉, 그들은 맥락에 맞지 않는 전혀 엉뚱한 문장을 선택하는 경향이 있었다.

우뇌에 손상을 입은 사람들은 웃음 자체를 잃었다기보다는 재미있는 모순반전과 재미없는 모순, 상황에 맞는 모순과 상황에 맞지 않는 모순을 구별하는 능력에 손상을 입은 것이다. 그래서 그들은 슬랩스틱 코미디는 보통 사람들과 똑같이 재미있어 한다. 이와 관련해서 어떤 연구자들은 뇌의 좌반구는 언어 개그에 반응하고 우반구는 슬랩스틱 개그에 반응한다고도 했다. 우뇌 손상자들을 웃음에 대한 해소론이나 부조화론의 관점에서 본다면 두 문장의 전위 차이에 대한 인식은 존재하나 논리적 관계에 대한 인식은 부재함을 의미한다. 반면 베르그송의 기계론적 관점이나 우월론의 관점에서 보면 그들이 슬랩스틱 코미디에는 여전히 반응하는 이유가 설명되는 듯하다.

결국 웃음을 두고 좌뇌가 언어의 내용에 관한 분석을 한다면 우뇌는 유머의 발생 지점인 부조화와 모순을 발견한다고 말할 수 있을 것이다. 위의 실험에서는 우뇌의 손상으로 언어적 모순을 이해하는 능력은 상실했지만 행동의 모순을 파악하는 능력은 살아남았음을 추측할 수 있다. 그렇다면 좌우반구가 각기 맡은 바 역할을 다하기만 하면 술자리에서 동료가 던지는 농담을 이해할 수 있게 될까? 그렇지 않다. 좌뇌와 우뇌가 제 역할을 다하는 데에서 그치는 것이 아니라 아울러 두 반구가 긴밀히 협조해야만 온전히 유머를 이해할 수 있다. 좌우뇌가 함께할 때라야만 웃음의 논리가 완전하게 처리되는 것이다.

좌뇌와 우뇌의 긴밀한 협조는 주로 뇌량에 의해 이루어진다.[21] 고고학자인 스티븐 마이센은 네안데르탈인과 그 이전 원시인들에게는 유머 감각이 없었다고 결론 내렸다. 네안데르탈인의 뇌는 뇌량이 다 발

---

21) 전문적인 악기 연주자들의 경우 뇌량이 매우 발달해 있다는 사실이 최근 연구에서 밝혀졌다. 좌뇌와 우뇌의 긴밀한 협업은 매우 다양한 분야에서 중요한 역할을 한다.

달하지 못해 좌뇌와 우뇌의 인지적 조화가 달성되기 전의 상태였으므로, 다시 말해 좌우의 서로 다른 영역들에서 벌어진 사건에 대한 해석들을 한데 모을 수 없었기 때문에 전제와 반전으로 이루어진 어처구니없는 상황을 이해할 수 없었을 것이다.

좌뇌와 우뇌의 특성과 역할에 관해 많은 학자들이 연구했고 수많은 의견을 제시했지만 전체적으로 일관된 보고를 하고 있다. 그리하여 좌뇌와 우뇌에 다양한 별칭을 부여했는데 칼 세이건은 『에덴의 용』에서 좌뇌와 우뇌의 특성을 한마디로 "이성과 직관의 전쟁"이라고 표현하였다. 혹자는 "분석 대 감정"이라고도 표현한다. 앞에서 제시한 보수주의자와 혁명가라는 관점도 존재하고 마이클 가자니가의 좌뇌 해석자라는 별명도 유명하다.

미국의 신경의학자 조지 오지먼은 언어 기능에 있어서 좌반구는 단어 찾기와 이해를 담당하고 우반구는 배경적 작업, 즉 감정적 색깔을 입히거나 더욱 폭넓은 의미의 뉘앙스에 관계한다고 하였다. 우반구는 음조나 음색, 표정 등 무미건조할 수 있는 언어에 맛과 느낌을 추가한다는 것이다. 좌반구는 말하는 소리를 실제로 만들어 내고 문법에 맞는 말을 구사하게 하며 의미의 파악에 주력한다. 우반구는 말하는 것을 통제하지는 않지만 언어의 더욱 섬세한 측면인 은유, 상징, 애매성 등에 관여한다. 이러한 것들은 시, 신화, 드라마 등 문명이 진보하는 데 필수적인 요소들이라 할 수 있다. 시각의 경우 우반구는 전체적인 측면과 관계가 있는데 가령, 나무를 보고 숲을 보는 경우가 그것이다. 언어와 시각에 관련된 우뇌의 기능은 일종의 예술가와도 같다. 우리가 하는 말에 느낌과 의미를 부여하고 유머에 있어서 핵심이 되는 반전을 짚어 내며 상황을 인식함에 있어서 고집을 부리지 않고 유연하기 때문이다.

그러나 앞에서도 강조하였듯이 중요한 것은 좌뇌와 우뇌의 분업 못지않은 협동이다. 두 반구의 협업은 세계에 적응하고 생존해 나가는 일상 작용뿐만 아니라 어떤 의미에서 좀 더 고차원적인 행위라 할 수 있는 과학과 유머를 가능하게 한다. 과학적 연구는 목적과 방법을 가지고 있는데 이는 좌뇌와 우뇌의 협업을 통해서만 가능하다. 우리는 우뇌의 특성인 자연으로부터의 패턴 추상을 통해 과학의 목적을 지향하고 좌뇌의 특성인 패턴들에 대한 비판적 분석을 통해 과학의 방법을 실현한다. 우뇌는 새로운 패턴을 찾아내는 창조적이고 직관적인 통찰을 추구하고 우반구에서 짜 맞추어 낸 패턴이 실재하는 것인지 단지 상상의 산물인지 좌뇌가 엄밀히 조사함으로써 과학을 비롯한 인간의 행위가 완성되는 것이다.

조상들의 환경에서 위험을 감지하고 안전을 확인했던 능력은, 새로운 정보에 입각해 사건을 재해석하는 좌뇌와 우뇌의 능력에 기반한 것이었고 그러한 좌우뇌의 능력은 세대를 거치면서 더욱 정교하고 세련되어졌다. 인간의 정신적 성숙과 문명·문화의 발전으로 사람들은 웃음의 구조를 더 큰 개념이나 생각, 더욱 추상적이거나 지적인 아이디어에 흥미 삼아 병치시키게 되었고, 웃음은 조상들의 위기 해소라는 전형성에서 벗어나 더욱 다양하고 세련된, 재미있고 의도적인 유머와 화법으로 발전하였다. 웃음이 점점 더 창의적이 된 것이다.

『춤추는 뇌』를 쓴 김종성 교수는 코미디를 신피질식 코미디와 변연계식 코미디로 나누고 있다. 지성·이성의 뇌인 신피질식 코미디와 감정·정서의 뇌인 변연계식 코미디라는 구분은 기존의 코미디 스타일 구분에 뇌의 특징을 결부시킨 것이다. 예를 들어 배삼룡, 서영춘, 이주일식 코미디는 바보 흉내를 내거나 서로 싸우는 것이 주된 소재인데 이들을 변연계식 코미디라 볼 수 있으며, 이와 대조적으로 미국의 자니 카슨이나 한국의 주병진처럼 압축된 유머 한마디로 웃음을 주는 것은 신피질식 코미디라고 할 수 있다.

우리나라의 경우 미국처럼 스탠딩 코미디가 활발하지 못하기 때문에 재치 있는 말솜씨로 웃음을 주는 개그맨들도 어느 정도 변연계식 코미디를 함께 구사하는 경우가 많다. 특히 오늘날에는 뇌의 양쪽 부위를 모두 활용하는 코미디언들이 갈수록 사랑을 받고 있는 듯하다. 이는 '웃음의 공격성과 애정'을 다루는 부분에서 언급하겠지만 세련된 유머와 본능적 유머가 제각각 장단점을 지니고 있기 때문이다. 양자를 적절히 혼용하여 구사할 수 있는 코미디언이 결국 많은 이들에게서 오래도록 사랑받을 것이다.

세련된 현대 문명을 살고 있는 '세련된 문명'의 기준과 판단이 애매하긴 하지만 우리는 인생의 공적인 영역과 사적인 영역에 숨겨진 허점을 예리하게 포착하여 재치 있는 한마디로 표현하는 신피질식 개그 스타일도 좋아하지만 동시에 우리의 우월감과 공격성을 충족시켜 주는 질펀한 변연계식 코미디 역시 그에 못지않게 좋아하는 것 같다. 안토니오 다마시오가 주장했듯이 변연계가 주관하는 감정이라는 것은 합리적 이성 못지않게 우리의 판단과 행동에서 중요한 역할을 하고 있기 때문이다.

😄 웃음과 쾌락

유머는 우리에게 웃음을 준다. 웃음은 우리에게 즐거움과 행복감을 선사한다. 즉, 웃음은 우리에게 쾌락을 준다. 그래서 스티븐 핑커는 유머를 일종의 '고급스러운 쾌락'이라고 하였다. 쾌락을 느끼는 것은 우리 뇌 속에서 일어나는 현상이다. 그렇다면 우리는 다음과 같이 물을 수 있다. '웃을 때 우리는 어떠한 방식으로 쾌락을 느끼는가?', '웃을 때 우리 뇌에서는 어떤 일이 벌어지는가?' 이제 우리는 웃음의 신경생리학, 두뇌의 쾌락 메커니즘에 대해 살펴볼 것이다.

우리가 재미있는 것을 보고 실컷 웃을 때 활성화되는 뇌 부위는 '보수 계통'이다. 보수계는 자극을 받으면 쾌감을 느끼는 신경계로서 보상에 관여하는 뇌 부위들을 일컫는다. 대표적으로 중뇌 중앙 영역에 자리한 복측배쪽피개 영역VTA, Ventral Tegmental Area을 들 수 있다. 복측피개 영역은 도파민을 만드는 세포의 원천으로 미상핵꼬리핵을 비롯한 많은 뇌 부위로 도파민을 분비한다. 과학자들이 쥐가 스위치를 누르면 복측피개 영역이 자극되는 장치를 만들어 실험한 결과, 쾌감을 느낀 쥐가 배고픔까지 잊고 스위치 누르기에 열중했다고 한다.

미상핵 역시 보상 체계의 일부분이다. 뇌 중앙 깊은 곳에 자리 잡고 있는 미상핵은 6500만 년 전 포유류가 급격히 늘어나기 전에 이미 진화했다고 하여 '파충류의 뇌'_{뇌간}라 불리는 영역의 일부이다. 미상핵은 각성, 쾌락의 느낌, 보상을 얻고자 하는 동기를 부여하고 특정 보상을 받기 위한 몸의 움직임을 계획한다.

1954년 미국의 실험심리학자 제임스 올즈와 피터 밀너는 한 실험에서 쥐의 뇌간에 있는 중격핵_{측좌핵, 측중격핵}에 전극을 꽂고 쥐가 스위치를 누르면 전기적 자극을 주어 쾌감을 느끼게 하였다. 그랬더니 쥐는 스위치와 쾌감의 관계를 파악하고 자발적으로 스위치를 눌러 스스로에게 보상을 주었다. 쥐는 배고픈 상태에서도 계속 스위치를 눌러 댔는데 그 횟수가 무려 1시간에 7,000번에 달했다. 배고픔을 잊게 할 정도로 쥐의 쾌감이 강렬했다는 뜻이다.

어떤 쥐의 경우에는 먹이를 먹는 것과 잠자는 것도 무시하고 24시간 동안 시간당 평균 2,000번의 횟수로 스위치를 누르기도 했다. 행동주의 심리학자 B. F. 스키너의 실험에 의하면 쥐들이 스위치를 누르는 횟수는 먹이가 없을 때는 5~10회, 먹이가 있을 때는 100회 정도였다. 뇌를 통한 직접적인 자극이 먹이를 먹는 본능과 쾌감보다도 오히려 강력했음을 알 수 있다. 이 실험을 통해 올즈와 밀너는 먹고 마시는 행위, 성행위와 같은 정상적인 쾌감을 담당하는 뇌 부위가 전뇌 기저부의 중격핵이라고 확신하였다.

쥐들이 기본적인 본능 충족 행위들을 중단하고 스위치 누르기에 몰두하였다는 것은 쥐의 행동에서 쾌락이 차지하는 역할이 매우 크다는 것을 의미한다. 심지어 어떤 쥐들은 스위치 누르는 행위를 중단하지 않고 계속하다가 탈진해 죽기도 했다. 이러한 결과는 의미심장하다. 스위치 누르기에 열중해 죽어 가는 쥐의 모습은 마치 음악과 마약에 취해 죽어 가는 록커의 모습을 연상시킨다. 우리는 쾌락에 중독되기 쉽다. 마약은 드문 경우에 속하지만 술이나 담배에 중독되는 예는 우리 주위에서 흔하게 볼 수 있다.

물론 올즈와 밀너의 실험을 인간에게 그대로 적용할 수는 없다. 실험실의 쥐와 실제 삶을 살아가는 인간은 매우 다른 존재이며, 인간의 감정을 단지 몇몇 신경세포와 호르몬, 신경 전달 물질로 환원할 수는 없기 때문이다. 하지만 물질과 정신을 일대일로 대응시킬 수는 없다 하더라도 인간의 의식과 감정 역시 물질적 요소들에 기반하고 있는 것은 부인할 수 없는 사실이므로, 이들을 이해하기 위해서는 뇌 속에서 어떤 물질들이 어떤 작용을 일으키고 있는지를 파헤치는 작업이 반드시 필요하다. 웃음도 거기서 예외일 수 없다.

인간의 쾌락은 특히 도파민이라는 신경 전달 물질과 밀접한 관련을 맺고 있다.[22] 도파민은 쾌락을 생성해 내는 천연 흥분제로서 뇌를 활성화하여 특정 목적이나 대상에 관심을 집중하게 한다. 그럼으로써 보상을 추구하게 하고 목적이 달성되면 의기양양한 만족감을 준다. 청춘남녀의 맹목적이고 낭만적인 연애에서 핵심적인 역할을 하는 물질이 도파민이라는 사실은 이미 널리 알려져 있다. 사랑에 빠졌을 때의

---

22) 사실 도파민은 쾌락에 직접적으로 관여하지는 않는다. 도파민은 특정 보상을 기대하게 하는 동기 유발 작용을 통해 쾌락을 추구하게 함으로써 다양한 기대-보상 시스템에서 핵심적 역할을 한다. 직접적으로 쾌락을 불러일으키는 것은 엔도르핀, 엔케팔린, 디노르핀과 같은 호르몬들이다.

짜릿한 느낌, 사랑하는 사람이 세상의 유일한 존재라는 느낌, 상대에게 집중하게 하는 것, 끊임없이 사랑을 추구하게 하는 것, 사랑하는 상대가 세상에서 가장 매력적인 존재로 느껴지게 하는 것, 이 모두가 바로 도파민이라는 물질이 작용하는 덕택이다.

도파민은 뇌의 변연계에 존재하는 쾌감 중추가 켜지면 분비된다. 이 장치가 켜지면 우리는 경험하는 모든 것에서 쾌감을 얻는다. 코카인과 같은 마약, 사랑에 빠지는 것, 양극성 장애조울증에서 조증에 빠지는 것 등은 경험하는 모든 것을 더욱 강렬하게 느끼게 해 준다. 마약, 사랑, 조증은 도파민 기반 체계의 발화 역치를 낮추어 작은 자극에도 강한 반응을 보이도록 만든다. 그 결과 사랑에 빠진 사람은 상대방뿐만이 아니라 경험하는 모든 것과 사랑에 빠지고 결국에는 세상과 사랑에 빠지게 된다. 사랑에 빠지면 세상이 아름답게 보이고 익숙한 것들도 이전과 다른 강렬한 느낌을 준다. 또한 쾌감 중추가 커지면 통증과 혐오 중추들의 발화가 어려워진다. 사랑에 빠진 사람들은 통증과 불쾌함, 혐오감을 덜 경험하게 되는 것이다. 이로 인해 연인들은 세상의 고통에 혹은 자신의 고통에 둔감하게 되고 모든 것을 밝고 긍정적으로, 아름답게 해석하게 된다.

결국 쾌감의 역치를 낮추고 고통의 역치를 높이는 사랑의 작용으로 인해 사람들은 그토록 사랑을 찬미하고 사랑을 찾아 헤매며 때로는 사랑에 목숨을 걸게 된다. 원하는 무엇인가를 기대하는 쾌감과 관련되어 욕구 증진 쾌감계라 불리는 도파민 회로는 우리에게 추구할 대상을 찾아 헤매게 하고 누군가를 찾아 사랑하게 한다.

웃을 때 느끼는 쾌감에서도 도파민은 한 역할을 하고 있다. 웃음은 우리의 쾌감 중추를 자극하여 즐거움과 들뜬 기분을 안겨 준다. 예측하지 못한 새로운 자극에 뇌는 관심을 보이며 이러한 과정이 기분 좋은 충격을 줄 때 우리는 웃는다. 도파민이 유머와 연애 모두에 관여하고 있다는 사실은 양자의 공통점에 대해 생각해 보게 한다. 유머와 연애는 모두 일종의 비예측성, 즉 예상하지 못한 일에 대한 경험을 기본으로 하고 있다. 두 사건 모두 불확실한 무엇인가가 확실성의 영역으로 접어들면서 쾌감을 느끼게 한다. 이러한 과정 중에 뇌가 도파민의 수치를 높임으로써 우리는 쾌감을 느끼고 계속 그 행동을 지향하게 된다.

앞서 말했듯이 각성제나 니코틴, 알코올 등 부정적인 영향을 미치는 물질이나 게임 중독, 도박 중독에도 도파민은 관여하고 있다. 약물과 웃음, 연애는 도파민 회로라는 같은 도구 상자를 이용하고 있는 것이다. 하지만 대다수의 보통 사람들은 사회적으로 용인되고 부작용도 거의 없는 웃음과 연애를 통해 쾌락을 충족하는 쪽을 택함으로써 몸과 마음에 치명적인 상처를 입히는 각종 중독으로부터 거리를 유지할 수 있다.

인간의 쾌락 중추 중 중격핵보다 감정 형성에 더 중요한 역할을 하는 것이 편도체이다. 1970년 마크와 어빈은 편도체 안쪽을 자극하면 폭력적 감정을, 편도체 바깥쪽을 자극하면 기분 좋은 감정을 느낀다는 것을 발견하였다. 인간의 경우 편도체 안쪽은 전체 면적의 25퍼센트를, 바깥쪽은 75퍼센트를 차지하고 있다. 이러한 구조를 보면 인간이 행복한 기분을 더 많이 느낄 수 있도록 자연이 배려하고 있는 것은 아닐까 하는 생각이 들기도 한다. 아니면 인생에는 기분 좋은 일이 흔치 않기 때문에 작은 일에도 쉽게 반응할 수 있도록 그렇게 만들어져 있는 것인지도 모르겠다. 어쨌든 실생활에서 우리는 편도체 바깥쪽보다는 안쪽을 활성화시키는 경향이 더 강하다. 우리의 뇌는 행복을 위해 설계되었지만 우리는 거꾸로 불행에 더 민감한 것이다. 이러한 차원에서 보면 행복이란 자신의 뇌를 이용하는 능력이라고도 할 수 있을 것이다.

우리 조상들이 살았던 아주 오랜 옛날에는 쾌락과 적응이 밀접하게 연관되어 쾌락을 추구하는 것이 곧 생존과 번식에 기여하는 결과를 가져왔을 것이다. 하지만 오늘날에는 생존과 번식에 직접적으로 영향을 끼치지는 않으면서 단지 쾌락만을 얻는, 다양한 인공적 장치들이 개발되어 있다. 영화와 텔레비전이라는 매체도 일상생활에서는 경험할 수 없는 수많은 자극과 쾌감들을 인공적으로 경험하기 위해 고안해 낸 도구라고 할 수 있다. 베르나르 베르베르의 소설 『뇌』를 보면 극단적인 예가 등장하는데, 인간 뇌의 보수 계통에 전극을 설치하여 임무를 성공했을 시에 그 보상으로 직접 뇌에 쾌감을 부여해 주는 장면이 등장한다. 만약 현실에서 실제로 이러한 실험이 가능하다면 어떤 결과가 나올까? 베르베르의 소설에서처럼 혹은 실험실의 쥐처럼 우리도 쾌락의 스위치를 반복적으로 누르고 있지 않을까?[23]

---

23) 베르베르의 소설에 나오는 인간도 실험실의 쥐와 같이 쾌락 스위치의 과다 사용으로 죽음에 이른다.

| 딸기 치즈 케이크와 쾌락 |

쾌락이 존재하는 이유는 공포가 존재하는 이유와 마찬가지로 인간의 생존과 번식에 이로웠기 때문이다. 그러나 현대인은 이러한 쾌락 본능을 생존과 번식이라는 기본적인 목적을 벗어난 행위들에 활용하고, 때로는 의도적으로 오용하고 남용하기도 한다. 직접적인 적응도를 높여 주지 않는 행위들에서도 즐거움을 느낄 수 있는 수많은 다양한 인공물들을 창조해 낸 것이다.

스티븐 핑커는 '딸기 치즈 케이크'를 예로 들어 이러한 현상을 잘 설명하고 있다. 우리가 애초에 좋아하도록 진화된 것은 잘 익은 과일의 달콤한 맛, 견과류나 고기에서 나오는 지방과 기름의 부드러운 감촉, 신선한 물로부터 느껴지는 시원함이다. 특히 단맛은 과거 인류의 선조에게는 에너지원으로서 매우 중요한 동시에 희귀한 자원이었기에 적극 추구하도록 진화했다. 그런데 우리는 이제 이러한 맛자극들을 인위적으로 농축시킨 딸기 치즈 케이크를 만들고 그것을 먹으며 황홀한 감각여기서는 미각의 축제를 벌인다. 딸기 치즈 케이크 안에는 우리 뇌의 즐거움 회로를 자극시키는 유쾌한 감각맛, 냄새, 촉감, 색깔들이 집약되어 있는 것이다.

핑커가 '잘못된 적응'이라 부르는 이러한 쾌락 추구 행위는 현대인의 생활에 매우 광범위하게 침투해 있다. 웃음 역시 마찬가지다. 웃음은 먼 과거에는 위험에서 벗어난 안전한 상황을 동료들과 누리는 적응적 특성이었다고 할 수 있다. 하지만 이제 우리는 웃음의 적응적 쾌락을 이용하여 인공적 웃음을 만들어 낸다. 자연스러운 상황에서 발생하는 안전의 확인으로서의 웃음이 아닌 인위적 농담과 유머를 통해 웃음을 유발시키는 것이다. 인간은 웃음의 영역을 확장하고 세련되게 만들어 무대 코미디, 텔레비전의 예능, 코미디 영화 등의 다양한 웃음 장치를 개발하였다. 매주 방송되는 「개그 콘서트」를 구경하기 위해 일찍부터 방송사 앞에서 줄을 서서 입장을 기다리고 주말 저녁이 되면 하나둘 텔레비전 앞에 모여 버라이어티 프로그램을 시청하는 것은 어찌 보면 우리의 웃음 본능을 적극적이고 능동적으로 활용하고 있는 것으로 볼 수 있다.[24]

물론 인공적으로 만들어진 모든 문화와 예술을 이러한 메커니즘으로 환원하는 것은 어리석은 일일 것이다. 문화와 예술은 언제인가부터 자체의 동력을 바탕으로 생산과 성장을 이루는 단계에 진입하여 스스로 규범과 의미를 창출해 내고 있다. 때때로 심오한 음악이나 미술은 단순한 즐거움이나 쾌감이 아닌 복잡함과 난해함, 모호함, 비예측성, 때로는 불쾌함이나 불편함, 추함 등 고도의 훈련과 학습을 통한 심미안을 개발해야만 감상이 가능한 경우도 있다. 한 단계 높고 한 차원 깊은 예술적 감동은 위에서 설명한 단순한 쾌락의 원리와는 차이가 있을 것이다.[25] 그러나 예술과 문화의 탄생 배경에는 최소한 쾌락에 대한 본능과 이를 인위적으로 생산하려는 조상들의 노력이 존재했음을 인정해야 할 것이다.

하지만 과하면 모자람만 못하다고 어떤 자극들은 인간에게 독이 되어 돌아오기도 한다. 우리는 맛있는 음식을 구하러 직접 돌아다니는 대신 가까운 편의점에서 파는 고칼로리의 패스트푸드에 의존하고, 매력적인 짝을 찾는 대신 포르노에 몰두하거나 영화배우를 숭배한다. 피터 잭슨의 「킹콩」에 나오는 해상도 높은 가상의 고릴라와 노는 것을, 완전한 해상도를 갖춘 실제의 사람들과 노는 것보다 더 좋아하게 되었다. 젊은이들은 적응을 위장한 엔터테인먼트 상품들MP3, DVD, 스마트폰, 케이

---

24) 여기서 아쉬운 점이 있다면 이러한 본능의 현대적 재이용을 '본능의 오남용'이라거나 '잘못된 적응'이라 표현한다는 것이다. 적응적 특성들은 현대 사회에서는 이미 근본적 기능을 수행함과 동시에 적응적 쾌락 기제를 응용한 다양한 행복 추구 방법의 원천으로 이용되고 있다. 데스먼드 모리스는 이러한 본능의 이용을 통한 행복론을 주장하고 있다.
25) 조나 레러의 『프루스트는 신경과학자였다』를 보면 폴 세잔의 미술, 스트라빈스키의 음악, 거트루드 스타인의 문학을 통해 이러한 예술의 현대적 경향을 과학에 접목하여 설명하고 있다.

블 텔레비전, 온라인 사이트, 메신저, 컴퓨터 게임 등에 열광한다. 최근 들어 생산되는 대부분의 발명품은 가상현실의 오락 산업을 위한 것이라고 한다. 이러한 현상은 언론학자 토드 기틀린의 메시지를 떠올리게 한다. 기틀린은 『무한 미디어』에서 미디어가 없었다면 우리가 굳이 느끼지 않았어도 될 수많은 감정들을 인위적으로 생산하여 느끼게 됨으로써 우리 삶이 불필요한 감정의 포화 상태에 이르렀다고 비판했다.

　프랑스의 철학자 보드리야르의 말처럼 우리는 실제보다 더 실제 같은 원본 없는 복사본 속에서 유영하고 있는 것인지도 모른다. 그래서 현실 속에서 숨 쉬며 살아가고 있는 주위 사람들을 위해 진화했고 그들에게 나누어 주어야 할 감정과 에너지를 남용하고 있는지도 모르겠다. 이 모두는 우리의 이성대뇌피질은 21세기를 살고 있지만 우리의 감정변연계은 선사 시대를 살고 있기 때문에 발생하는 일들일 것이다.

4장

웃음의 심리

우리는
행복해서 웃는 것이 아니라
웃어서 행복하다.

— 윌리엄 제임스

    카페 한구석에 자리 잡은 여학생들이 연신 까르르 웃음꽃을 피운다. 단체 미팅에 나간 남자가 점찍은 여성에게서 호감을 이끌어 내기 위해 손짓 발짓 별짓 다 해 가며 지금까지 살아오면서 전해 들은 모든 재미난 이야기를 풀어 놓는다. 밤늦은 시간 혹은 주말 저녁 온 가족이 텔레비전 앞에 모여 앉아 개그 프로나 예능 프로그램을 보며 박장대소를 한다. 퇴근한 남자들이 삼겹살 집에 둘러앉아 직장 상사나 동료에 대한 험담을 주고받으며 그날 쌓인 피로를 술 한 잔에 날려 보낸다.

    때로 웃음은 전혀 웃기지 않은 상황에서 발생이 되기도 한다. 학창 시절, 교무실로 불려 가 선생님께 야단을 맞고 있을 때, 으슥한 골목길에서 불량한 친구들을 만났을 때와 같이 심각한 상황에서조차 자기 자신도 모르게 '피식' 하고 대담하게 웃음이 새어 나와 사태를 더욱 악화시키고 말았다는 친구들의 증언도 그 한 예일 것이다. 앞서 우리는 웃음의 진화적 기원과 발달상의 특성, 웃음을 담당하는 뇌에 대해 살펴보았다. 이제부터는 실제 일상생활에서 웃음이 어떻게 발생이 되는지, 그리고 그로 인해 우리 마음속에는 어떤 변화가 일어나는지, 웃기는 주체는 도대체 어떤 사람들인지, 코미디언을 포함하여 웃음이라는 현상에서 남녀의 차이란 것이 존재하는지 등을 알아보려 한다. 이를 통해 일상적 웃음에는 우리의 상식을 위반하는 진실들이 적지 않게 숨어 있음을 깨닫게 될 것이다.

😆 웃음의 공격성

1999년 4월 20일 콜로라도 주의 한 고등학교에서 일어난 사건은 북아메리카 대륙뿐만 아니라 전 세계를 하루아침에 충격의 도가니로 몰아넣었다. 리틀턴 시의 콜럼바인 고등학교에서 이 학교를 다니고 있던 두 명의 남학생이 900여 발의 총알을 난사해 학생 12명과 교사 한 명을 죽이고 마지막에는 스스로 목숨을 끊은 사건이었다. 표면적으로도 매우 충격적인 사건이었지만 이후 사건 현장에 있었던 학생들의 증언으로 세부적인 내용들이 하나둘씩 드러나면서 범인들이 보인 극악무도함에 전 세계 사람들은 치를 떨었다. "트렌치코트 마피아"라는 인종차별주의자 집단의 일원이었던 그들은 흑인 학생들의 머리에 총을 쏘며 "나는 검둥이 흑인을 낮춰 부르는 말들의 머리가 어떻게 생겼는지 궁금하다."는 말과 함께 얼굴에 미소를 띠었다고 한다.

이를 두고 로버트 프로바인은 때로는 웃음이 잔인하고 비인간적인 공격성을 표출할 때 동반되기도 한다고 경고했다. 동물학자이자 인간 행태학자인 이레내우스 아이블 아이베스펠트가 원숭이들이 공동의 적을 집단적으로 위협하거나 공격할 때 내는 소리, 즉 집단 공격 신호를 웃음의 기원으로 본 것과 같은 맥락이다.

웃음의 진화적 기원을 탐구하면서 살펴보았듯이 웃음은 그 시초에 있어서 공격성을 내포하고 있다. '거짓 경보 이론' 누군가 우리를 향해 웃을 때마다 그는 사실 반쯤 송곳니를 드러내고 우리를 위협하고 있는 것이다. 친근함과 우애를 나타내는 이 간단하고 보편적인 동작 속에 우리는 야만적 과거의 냉혹한 기억을 숨기고 있다. 이러한 웃음의 잔혹함은 문명과 문화를 통해 상당수 정제되었고 웃음의 긍정적 요소들로 중화되기도 했지만 여전히 그 흔적은 남아 있다. 아니 어쩌면 생각보다 그 흔적은 훨씬 큰 것일 수도 있다. 웃음의 공격성은 지금도 남아 있다. 지금부터 우리는 생각보다 훨씬 강력한 공격적 웃음의 힘을 살펴볼 것이다.

동물과 인간이 공유하는 웃음 발생 기제로 간질임과 싸움 놀이가 있음을 우리는 이미 알고 있다. 가족이나 친구, 연인 간의 간질임은 대부분 기분 좋은 놀이, 애정의 표현으로 인식된다. 그러나 친한 관계가 아닌 사람들끼리의 간질임은 무례한 행동으로 여겨지며 나아가 폭력적인 행위로 느껴질 수도 있다. 간질임에는 공격하는 자와 공격당하는 자라는 관계가 형성되며, 대체로 간질이는 자는 공격자, 쫓는 자이고 간지럼을 당하는 자는 공격받는 자, 쫓기는 자로 인식된다.

인간의 간지럼 놀이에서처럼 침팬지의 간지럼 놀이에서도 공격하는 자와 공격받는 자가 존재하며 주로 쫓기는 자가 웃는다. 또한 간질임은 본인이 통제할 수 없는 웃음과 호흡으로 인해 신체적으로 위험한 상황을 야기할 수도 있다. 간질임 속의 웃음은 폭력성과 공격성의 씨앗을 품고 있다. 간질임과 폭력의 경계는 부지불식간에 무너져 내려 싸움이 되기도 한다.

싸움 놀이에서의 웃음은 '싸움'이라는 말에서도 알 수 있듯이 공격성을 전면으로 내세운다. 침팬지를 비롯한 아이들의 싸움 놀이는 실제 싸움으로 번지는 경우가 종종 있다. 흥분의 정도가 높을수록 즐거움도 강해지고 그렇게 서로가 강도를 높이다 보면 적정 수준을 넘어 폭력의 범위로 진입하게 되는 것이다. 이러한 상황은 영화「덤 앤 더머」에서 재미있게 표현되어 있다. 재미로 시작한 눈싸움이 결국은 진짜 싸움으로 번지는 장면 말이다. 속칭 "웃자고 한 일이 죽자고 커진" 상황이다. 상대방에게 육체적으로 긴밀하게 접근하여 접촉하는 행위는 매우 친밀한 관계라 할지라도 현재의 기분 상태와 상황, 타이밍을 고려해야 한다. 또한 항상 적정한 수위를 지키고 있는지 서로가 감시해야 한다. 가장 재미있을 때가 가장 위험한 때다. 그 범위를 넘어서면 공격의 의미로 전환되기 때문에 무릇 타이밍과 수위에 민감해야 훌륭한 웃음꾼이라 할 수 있다. 과유불급의 지혜가 필요한 것이다.

웃음의 공격성은 특히 아직 다듬어지지 않아 세련미가 떨어지는 문화 속에서 등장하는 경우가 많다. 우리 인류가 대부분의 시간을 보냈던 수렵-채집 사회를 비롯하여 현재에도 과거와 같은 생활방식을 유지하는 문화에서는 유머가 뚜렷한 가학성을 띤다. 다듬어지지 않은 본성을 그대로 표출하는 어린아이들 또한 일상생활이나 만화 속에서 누군가 다치거나 넘어지는 등의 가학적인 장면을 보면 그야말로 자지러지게 웃는다. 아이들을 웃기는 가장 쉽고 빠른 방법은 과격한 슬랩스틱인 것이다.[26]

인류학자 레이먼드 헤임스는 아마존 열대 우림에 거주하는 에콰나 족과의 일화를 들려주었다. 헤임스는 에콰나 족과 함께 생활하던 중 오두막 입구에 머리를 부딪쳐 상처가 난 일이 있다. 피를 흘리며 땅에 꼬꾸라져 몸부림치는 그의 모습을 보고 원주민들은 걱정을 하기는커녕 배꼽을 잡고 웃어 댔다고 한다. 2010년 초 텔레비전에서 방영해 많은 호응을 받았던 다큐멘터리 「아마존의 눈물」에서도 이와 유사한 예가 등장한다. 마르보 부족은 호의로 제작진에게 담배를 권했는데 담배의 독한 맛에 제작진이 괴로워하자 즐거워하는 모습을 보였다. 자신들에게는 맛있는 취미인 것이 이방인들에게는 괴로운 체험일 수 있다는 것이 신기하기도 했겠지만 분명히 괴로워하며 오만상을 찌푸린 표정이 웃음의 직접적인 원인이었다. 우리가 외국 사람들에게 김치를 권하며 느끼는 즐거움도 마찬가지일 듯하다.

웃음은 그 공격성으로 인해 사회적 무기로도 사용될 수 있다. 중세의 교수형이 한 예가 될 수 있는데, 원래 교수형은 많은 사람들이 광장

---

[26] 「남자의 자격」이라는 프로그램에서 미션으로 태권도 학원을 다니면서 느낀 것이지만 아이들의 반가움의 표현은 때리기나 차기이다. 아이들은 같이 놀자는 의미로 때리고 도망가거나 매달리고 넘어뜨리고 하는데 대부분은 남자 아이다.

에 모여 잔인한 장면을 구경하며 사형수를 비웃던 행사의 일종이었다. 공격적 유머로 인한 웃음은 매우 내밀하고 은밀한 감정을 건드리기 때문에 웃음의 대상이 이방인이거나 자신들과 상관없는 인물일 경우 응집력이 발생해 매우 강력해진다. 일종의 비웃음이라고도 볼 수 있으며 웃음에 관한 우월론적 관점과 유사하다. 그러한 상황에서 웃음의 대상은 정상에서 벗어난 사람으로 진지하게 받아들일 가치가 없다는 낙인이 찍힌다. 그 대상이 권력자이고 힘 있는 자, 억압하는 자일 경우는 권력 관계를 잠시나마 무력하게 만드는 일종의 진보성을 갖는다고 할 수 있지만, 그 대상이 사회적 약자인 경우 문제가 된다. 인간의 공격적 본능과 내외 집단 구분의 본능_{편을 구분하여 무리를 나누려는 본능}을 자극하여 왕따나 이지메, 사회적 약자에 대한 공격, 폄하, 비하, 무시, 차별로 변질되고 악화될 수 있기 때문이다.

웃음, 특히 텔레비전에서 보여 주는 웃음에 대하여 마냥 관대할 수만은 없는 이유가 바로 여기에 있다. 때때로 우리는 웃음이 사회적으로 정당한 가치와 도덕성을 훼손하지 않는지 성찰해 볼 필요가 있다. 웃음의 소재로 여성이나 흑인 등 특정 계층을 다루는 경우에는 특히 유념해야 하는데, 그러한 유머가 텔레비전에서 반복적으로 나타날 경우 시청자들에게_{특히 아직 도덕관이 정립되지 않은 어린아이들에게} 무의식적으로 허용되는 행위, 가능한 행위로 인식될 수도 있는 탓이다.

공격적 유머에서 다행스러운 부분은 가학성만으로 웃음이 유발되기는 어렵다는 것이다. 대개 가학적이거나 공격적인 유머가 웃음으로 이어지기 위해서는 웃음의 대상이 잘난 체한다거나 위선적인 위엄과 존중을 요구하는 눈꼴사나운 존재로 등장해야 한다. 이러한 경우 웃음은 그러한 고지에서 그를 몇 단계 추락시킴으로써 발생한다. 웃음, 특히 비웃음의 가장 유쾌한 표적은 허세와 지위와 힘을 가진 상급자상사, 교사, 설교자, 왕, 정치인, 장교 등 사회 상층 계급으로 각 개인이 처한 위치나 상황에 따라 상대적이다.이다. 이때 유머는 반우위의 무기가 될 수 있다.

지위와 권력을 가진 자를 대상으로 유머를 구사할 때에는 인간이라면 누구나 지니고 있는 평범한 특징들을 상급자 역시 피할 수 없음을 지적함으로써 조롱거리로 삼을 수 있다. 이러한 유머는 억압받는 자들이 다수일 경우 더욱 더 위력을 발휘하여 군중이 한편이 되어 상급자의 약점을 지적함으로써 약자들은 소위 남과 다른 척, 고귀한 척, 태생적으로 우월한 척하는 상류 계층의 허식을 깰 수 있다. 성적이고 외설적인 유머의 경우 고상한 척하는 상급자들의 섹스와 배설을 묘사함으로써 그들의 위엄을 격하시켜 평범한 사람들과 크게 다르지 않음을 상기시킨다.

나의 경우 방송 활동을 하다 보면 사회적으로 높은 위치에 있는 사람들, 엄청난 부나 권력, 명성을 가지고 있는 사람들을 만나게 되는 때가 있다. 왠지 전혀 다른 세상에 사는 존재들인 것 같은 느낌에 그들을 우러러보게 되고 말 한마디도 조심스러워지며 어쩔 수 없이 주눅이 드는데, 그럴 때마다 속으로 그들도 나와 똑같이 식욕과 성욕, 생리와 배설 작용이 필요한 사람들이라는 생각을 하며 스스로를 북돋곤 한다. 그들이 화장실에 앉아 있는 상상을 하면 그저 나와 똑같은 인간일 뿐이라는 생각이 들어 거리감도 줄어들고 때로는 만만하게 느껴지기까지 하며 나에 대한 자존감도 유지하게 된다.

어찌 보면 다소 초라한 방법일 수도 있으나 내 자신을 감정적으로 조절하는 데 도움이 되는 것은 사실이다. 이러한 마음 자세는 상급자에 대한 공격적 유머와 일맥상통한다. 그러나 동시에 정당한 존경이나 존중의 마음까지 훼손하는 일은 없도록 적절한 선에서 균형을 이루려 노력한다. 상대에 대한 지나친 비하나 깎아내림은 오히려 허세이거나 자존감 부족의 반작용일 수 있다. 우월감과 열등의식은 종종 동전의 양면으로 드러난다.

웃음에 관한 우월론에서는 타인을 깎아내림으로써 자신은 안전하고 정상이라는 감정의 표현으로 웃음을 이해한다. '거짓 경보 이론'에 비추어 보면, 자신의 육체적 상태_{건강, 외모, 지적 능력 등}를 비롯한 사회경제적 지위가 미약함을 인식하게 될 때 상대를 깎아내림으로써 자신의 안전함, 평범함, 혹은 뛰어남을 확인하는 심리라 할 수 있다. 자신이 뒤처진 것이 아니라는 위로가 웃음으로 표출되는 것이다. 이러한 설명은 프로이트의 자기 방어 기제가 여전히 유효함을 보여 준다. 우리는 자신의 자아상을 유지하기 위해 마음을 조작하는 경우가 있는데 웃음도 그러한 방편의 하나로 이용되고 있다.

공격적 웃음은 한 사람의 개인이 아니라 다수로 이루어진 집단일 경우 더욱 큰 힘을 발휘하여 그 결과 사람들은 집단 이지메와 같은 비웃음의 군중 심리를 보이기도 하고 나아가 민족 대 민족, 국민 대 국민의 감정 대립으로 치닫기도 한다. 역사적으로 전쟁과 경쟁으로 얽혀 있는 나라들은 상대 국가, 상대 국민을 폄하함으로써 웃음의 소재로 사용하는 경우가 많았으며 이는 결국 자국민, 자민족의 일치와 단합에 기여하였다. 1934년 울프 교수는 우월성 이론에 관한 최초의 연구서를 발표했는데 유대인과 기독교도들에게 여러 가지 농담을 보여 주고 얼마나 재밌는지를 각자 평가하게 하였다. 그 결과는 예측대로 기독교도들은 유대인을 깎아내리는 농담을 더 재미있어 했고 유대인들은 기독교도를 폄하하는 농담을 더욱 좋아하였다.

 과거 식민지와 지배국의 관계였다거나 영토나 종교를 두고 대립이 잦았던 국가들은 서로에 대한 적대적인 감정을 때로는 공적인 매체에서 상대 국가를 깎아내리는 발언이나 유머로써, 그리고 대개는 술자리나 클럽 등 사석에서 노골적인 농담을 주고받으며 표출한다. 그러던 것이 어느 순간 국가 간 분쟁이 수면 위로 부상하게 되면 공격적·우월성 농담이 공적으로 통용되는 것이 묵인된다. 신문의 만평이나 4컷 만화, 텔레비전 토크쇼와 같은 채널들을 통해 전파된 유머는 국민들에게 상대 국가에 대한 비웃음과 적대감을 공유토록 하여 자국의 단결에 이바지하고, 나아가 대내외적 정책에 유리하게 작용하기도 한다.

 다른 국가나 민족, 인종에 대한 편견은 종종 강력한 힘을 발휘하여 애초에는 그러한 의도가 아니었지만 본인의 편견을 지지해 주는 내용으로 자의적으로 해석되기도 한다. 쿠퍼와 야후다는 「Mr. biggot」이라는 인종과 종교적 편견을 다룬 풍자만화가 수용되는 방식을 연구하였는데, 실제로는 인종적 편견을 비웃는 내용이었으나 이미 인종적 편견을 내면화하고 있는 사람들은 정반대의 메시지로 해석하고 있음이 밝혀졌다. 우리는 기존 시각에 토대를 두고 사고하는 경향이 있다. 때

때로 우리는 세상의 여러 측면 중 보고 싶은 부분만 보고 자기 식대로 해석한다.

　웃음의 우월론은 웃음이 공격성의 표출, 사회적인 적대감 형성으로 나아갈 수도 있음을 경고한다. 그러나 타인을 깎아내림으로써 자신의 정상성을 확인하려는 심리는 코미디언의 탄생을 가능하게 하였다. 사람들의 우월감을 충족시켜 주는 전문가들이 등장하게 된 것이다. 직업적인 코미디언들은 의도적으로 약자의 역할을 채택하여 사람들에게 안도감과 웃음을 제공하고 그 대가로 돈과 유명세를 얻는다. 1976년에 발표된 한 논문에서 사람들이 희극배우를 묘사하는 형용사로 주로 "뚱뚱한fat", "볼품없는deformed", "바보 같은stupid"과 같은 단어들을 선택했다고 보고한 점에서도 이를 확인할 수 있다.

　코미디언들의 이러한 태생적 특성은 코미디의 층위가 다양해진 현대 사회에도 어느 정도 남아 있다. 최근 몇 년간 예능 프로그램이 득세하게 되면서 우리나라의 방송 코미디는 형식상으로 많은 변화를 겪었다. 그리하여 일부 코미디언의 경우 방송 전반에 걸쳐 막강한 힘을 지닌, 소위 말하는 문화 권력까지 갖게 되는 등 예전보다 월등히 높은 인지도와 호감도, 경제적 수입을 거머쥐게 되었지만, 그래도 여전히 영화배우나 탤런트, 가수 등의 다른 연예인들에 비하면 시청자들에게는 동네 주민처럼 친근하고 편안하게 느껴지는 존재이다.

　현재 우리나라에서 사랑받고 있는 버라이어티 프로그램들은 대개 무언가 부족하고 모자란 사람들의 분투기나 성장기를 기본 바탕으로 하고 있다. 프로그램에 등장하는 출연자들은 자신이 그리 똑똑하거나 잘생기거나 운동 신경이 뛰어나지 않음을 드러내고 실제 생활에서도 그런 사람이라는 것을 은연중 강조한다. 그들은 전통적인 코미디언의 역할약자 역할을 충실히 수행하고 있는 것이다. 그리고 '찌질한' 그들이 좌충우돌하며 결승선에 이르는 과정을 통해 감동을 선사하기도 한다. 이는 웃음의 우월론적 관점에서 드라마의 내러티브적 관점으로, 타자화에서 동일시로 관점이 이동함으로써 가능해진다. 바보 같은 그들이지만 때로는 나와 같다는 동질감과 약자에 대한 배려심, 동정심을 느끼는 것이다.

이러한 현상은 리얼함현장감, 현실성을 강조하는 세태와 관련이 있다. 과거 배삼룡, 이주일 같은 바보 연기의 일인자들은 자기 자신을 이야기 소재로 삼지 않았다. 무대에서 준비된 코미디를 보여 주고 웃음을 선사한 후 퇴장하면 그만이었던 것이다. 그러나 현대의 코미디언들은 끊임없이 무대에서의 자신과 무대 뒤에서의 자신을 함께 보여 주어야 한다. 보여 주지 못한다면 적어도 들려줘야 한다. 그러한 과정에서 안방에서 텔레비전을 시청하고 있는 평범한 사람들은 연예인들의 삶 또한 자신들과 별 다르지 않다는 사실을 깨닫고 그들이 겪는 아픔과 시련을 공감하게 되면서 그들의 도전을 열렬히 응원하게 된다.

과거처럼 무대 위에서의 모습만 보여 주었다면 '리얼 버라이어티'라는 장르는 존재할 수 없었을 것이다. 즉, 과거에는 시청자들의 우월감만을 만족시켜 주었다면 오늘날은 우월감과 동시에 공감, 동일시라는 감정까지 충족시켜 주고 있다. 미래학자 제러미 리프킨은 최근 저서 『공감의 시대』에서 인류 역사의 발전을 공감을 중심으로 재해석했는데, 어떻게 보면 최근 예능 프로그램도 그가 말하는 공감의 확장이라는 화두에 충실할수록 시청자들에게 많은 지지를 받는 듯하다.

😊 웃음과 애정

　많은 유머에 공격성이 존재하는 것이 사실이지만 모든 유머가 공격적이거나 가학적이지는 않다. '웃음' 하면 우리는 공격성이나 폭력성보다는 기분 좋음, 즐거움, 유쾌함, 떠들썩함, 친근함 등을 떠올린다. 일상생활 속에서 웃음은 대부분 싱거울 정도로 사소한 경우들에서 발생한다. 평소 친한 사람들과 잡담을 하다 왁자지껄한 웃음으로 발전하는 일이 종종 있을 것이다. 이때 웃음은 가벼운 자기 비하와 장난 섞인 놀림으로부터 비롯된다. 당사자에게 상처를 입히지 않을 만큼 모두가 허용하는 수준에서의 가벼운 자기 비하나 놀림은 짓궂기는 하지만 서로가 기분이 상할 정도는 아니다.

　대체로 함께하는 사람들의 친밀도가 높을수록 비하나 놀림의 수위 역시 높다. 인간은 사회적으로 상호 작용을 할 때 상대방과의 관계에 사용할 자신의 심리 체계 내 목록들 중 한 가지를 선택해 행동한다. 그러한 대인 행동의 목록에는 '지배와 복종 관계'도 있지만 '동등한 친구 관계'도 있다. 사람들이 둘 이상 모이면 크건 작건 간에 힘과 능력의 불균형이 생기기 마련이다. 누군가 한 사람이 다른 사람보다 잘생겼거나, 키가 크거나, 운동을 잘하거나, 부자거나, 공부를 잘하거나, 말을 잘하거나 등의 수많은 비교 우위들이 있을 것이다. 그런데 당신이 상대방의 뛰어난 점을 깎아 이야기하거나 혹은 자신의 뛰어난 점을 나쁘게 말한다면 이는 적어도 당신이 그 사람을 지배와 복종 관계로 생각하고 있지 않다는 뜻이다. 소위 말하는 '까는 개그'를 하는 사람들은 힘의 불균형을 전제로 하는 지배와 복종의 관계가 아닌 동등한 관계로서의 친구라는 메시지를 상대에게 전달하고 있는 것이다.

이러한 특성은 친구들 간의 웃음과 영장류의 싸움 놀이_{공격 연습, 레슬링, 간지럼}에 근본적인 유사성이 있음을 보여 준다. 영장류를 비롯한 인간의 간지럼 놀이는 애정 표현을 기본 목적으로 한다. 다소 공격적으로 보이는 행동이 실은 서로의 돈독한 애정을 기반으로 하고 있기에 가능함을 참가자들은 모두 알고 있다. 싸움 놀이를 할 때 발생하는 웃음은 공격하는 척, 놀리는 척, 괴롭히는 척, 싸우는 척하면서 실제로는 그 상황을 즐기고 있음을 암시한다. 웃음은 '우리는 친근함을 즐기고 있다', '우리는 친한 사이다', '우리는 놀고 있는 중이다'라는 표시이다. 친구 간의 허물없는 농담은 "내가 너를 해치려고 하는 듯이 보이지만 실은 우리 모두가 좋아하는 즐거운 놀이를 하는 중이야."라는 말과 동의어이다.

친구들 간에 서로의 약점을 공격하고 자기 자신을 비하함으로써 웃음을 주고받는 것은 상대방이나 스스로에게 상처를 주기 위함이 아니라 그러한 대화가 가능할 정도로 친한 사이라는 뜻이다. 공격적 유머는 친구 사이를 묶어 주는 우정의 끈인 것이다. 따라서 서로에 대한 험담과 욕, 별명 부르기 등의 투박한 표현들은 친할수록 그 수위가 높아지는데, 이때 자칫 잘못해서 적절한 수위를 조절하지 못하면 본래의 의도를 벗어나 실제 싸움이나 폭력으로 비화될 수 있다. 유머, 특히 공격적 유머는 언어를 통한 마음의 간질임인 탓에 수위 조절에 실패한 공격적 유머는 상대방에게 모욕, 공격, 폭력으로 작용하여 부정적 감정을 유발한다.

웃음의 현장에 있는 사람들은 모두 암암리에 이러한 계산을 수행하고 있다. 짓궂은 농담을 할 때 농담을 하는 자와 농담의 대상, 그리고 그 상황을 지켜보는 사람들은 적절한 수위 안에서 놀이가 진행되고 있는지 끊임없이 감시한다. 그러다가 서로의 예측이 어긋났을 때, 적절한 수위를 벗어났다고 느꼈을 때 그 놀이는 긴장과 갈등을 야기하고 농담의 중단이나 새로운 농담으로 인한 분위기 전환이 이루어지지 않는다면 놀이는 파국을 맞게 된다. 즐거운 행위는 무례한 행위, 나아가 공격적이고 도발적인 행위로 인식되고 현장을 떠돌던 화합의 분위기는 사라진다. 상처받은 마음 사이에 맴도는 냉랭한 기운은 웃음기를 거두게 하고 그 자리에는 불편함만이 남는다.

몇 년 전 내가 참여했던 「라인업」이라는 예능 프로그램에서 비슷한 일이 있었다. 막장 버라이어티라는 콘셉트답게 독한 농담들이 날아다니던 프로그램이었는데 독설 개그나 막장 드라마들을 통해 그런 상황들에 제법 익숙해진 시청자들은 웬만한 자극적 농담에도 그러려니 하고 웃어 넘겼다. 그러다가 독설의 달인 김구라가 업된 분위기를 더욱 돋우고자 무리수를 두고 말았다. 친구이자 동료 개그맨인 김경민에게 "야, 이 개새끼야!"라고 욕을 한 것이다. 물론 방송에서는 음성이 나가지 않았지만 자막과 흐름으로 시청자들은 그가 욕설을 했다는 것을 짐작할 수 있었다. 현장에 있던 개그맨들은 분위기상 즐겁게 웃고 넘어갔지만 그 현장에 동참하지 않았던 시청자들은 당황했다. 시청자 입장에서는 집에서 편안히 보고 있던 텔레비전에서 갑자기 튀어나온 욕설이 불쾌했던 것이다. 많은 사람들을 대상으로 하는 공적 매체에서 그러한 욕설이 방송된다는 것은 시청자를 무시하는 행위로 인식되었고 느긋하게 웃고 즐기던 시청자들은 분노한 비판자로 돌변했다.

욕설을 하나의 재미, 재미의 확장으로 생각해서 방송으로 내보낸 제작진의 의욕 과잉도 문제였지만 지금 여기서 누구의 잘잘못을 따지려는 것은 아니다. 분명히 그 장면에서 큰 웃음을 터뜨린 시청자들도 있었을 것이다. 다만 여기서 하고 싶은 이야기는 많은 농담들, 특히 공격성을 담은 농담들은 항상 적절한 수위를 고민해야 한다는 것이다. 방송의 장르, 예능 프로그램 출연자의 캐릭터, 예능인들이 방송에서 이야기할 수 있는 체험담이나 농담의 폭은 계속해서 넓어지고 있다. 내가 오랫동안 방송을 해 오면서 느낀 것은 모든 방송인들이 그렇지만, 특히 예능인들은 늘 벼랑 끝에 매달려 있다는 것이다. 예능인들은 조금이라도 더 뾰족한, 조금이라도 더 아슬아슬한 벼랑 끝을 찾는다. 그래야 시청자들이 호기심을 가지고 지켜봐 주기 때문이다. 그러나 자칫 너무 가장자리에만 매달리다 보면 결국 미끄러져 추락할 수도 있다.

동료 예능인 김제동은 이러한 상황을 두고 "작두를 타야 하는 무당"으로 비유했다. 작두가 높을수록, 날이 퍼렇게 서 있을수록 사람들은 관심을 갖는다. 그러나 한번 높아진 작두의 앞날은 더욱 높아지는 길뿐이다. 때로는 작두에서 내려올 필요도 있다. 어느 연출가는 이런 이야기를 했다. 시장 통에서 싸움이 나면 많은 사람들이 구경을 하지만 때로는 싸움이 끝나고 깨진 유리를 줍는 사람도 필요하지 않겠느냐고……. 북적이는 시장 통에서의 한바탕 싸움은 수많은 구경꾼을 불러 모을 것이다. 싸움이 계속되는 동안에는 시간 가는 줄도, 자기네 좌판에 손님이 왔다가는 줄도 모르고 구경에 열중하지만, 싸움이 끝나고 나면 저마다 각자의 자리로 돌아가며 구시렁댈 것이다. 괜한 사람들 때문에 시간 낭비했네, 손님 다 놓쳤네 하며 싸움꾼들을 욕하는 이도 있을 것이고 말이다. 이러한 딜레마를 해결하는 것, 그것은 예능인들의 공통된 고민이다.

불과 10여 년 전만 해도 우리나라에서는 서로에 대한 비난과 험담, 호통, 반말, 짜증, 신경질, 고성 등의 공격적인 유머가 공중파를 타기 어려웠다. 방송사의 심의 기관에 의해 제재가 가해지기도 했지만 그 이전에 텔레비전을 시청하는 사람들이 이러한 유머를 불편해 하고 비판했기 때문이다. 전 국민을 대상으로 하는 텔레비전이 사석에서나 할 법한 막말과 험담을 방송한다는 것을 시청자들은 용납할 수 없었다. 이러한 행위는 함께 방송을 하는 사람들 간에는 물론 시청자에 대한 무례로 여겨졌고 방송인으로서의 기본 자질을 의심할 만큼의 중요한 문제였다.

그러나 최근에는 오히려 공격적 유머가 많은 시청자들에게 사랑받고 있다. 민주주의의 성장과 경제 발전, 다양한 뉴미디어의 등장으로 시청자들의 문화적 수준이 과거에 비해 높아졌다는 점과 끊임없이 새로운 웃음을 개발해야 하는 방송사, 코미디언의 입장, 그리고 늘 새로운 웃음에 목말라하는 수용자의 성향이 맞물려 상승 작용을 일으킨 결과라 볼 수 있다.

최근 공격적인 개그 스타일로 사랑을 받고 있는 대표적인 개그맨으로 '박명수'와 '김구라'를 들 수 있다.물론 공격적 유머의 원조로 개그계의 거목 이경규가 있다. 그들은 방송 프로그램에서 고성을 터뜨리며 상대방에게 무안을 주고 사생활을 폭로하고 인간적 약점을 들춰내고 짜증과 불만을 거침없이 드러낸다.[27] 친한 친구끼리 사석에서 주고받았던 거친 말투의 농담들을 이제는 연예인들이 텔레비전 속에서 재현하는 것이 허락된 것이다. 언젠가 내가 텔레비전에서 농담처럼 "박명수가 웃겨서 뜬 것이 아니라 달라진 세상이 그를 받아 준 것이다."라고 한 말은 이런 의미였다. 이러한 막말 개그나 호통 개그는 일종의 싸움 놀이다. 서로를 헐뜯는 것처럼 보이지만 실제로는 너무나 친한 사이기에 가능한 놀이이며 시청자들은 그 싸움 놀이를 보고 즐긴다. 수백만 년이라는 진화의 역사 동안 포유류와 영장류가 줄곧 해 왔던 "내가 너를 해치려는 것처럼 보이지만 실제로는 우리 모두에게 즐거운 일을 하는 중이야."라는 21세기형 싸움 놀이는 텔레비전으로 자리를 옮겨 여전히 빛

---

[27] 박명수와 김구라의 개그 스타일에는 분명한 차이가 있다. 박명수는 전통적 코미디언의 역할인 우월론의 대상 역할을 하고 김구라는 지적인 분석가 역할을 한다. 공통적인 부분은 공격성 외에 가장으로서의 평범함과 따스함을 보여 주고 있다는 점일 것이다. 박명수가 공격적 언행을 해도 그의 본질은 모자란 코미디언('실제의 그'가 아닌 방송에서 그가 맡은 역할인 '찮은이 형')이며 김구라는 아들 동현이의 모습을 통해 자식을 키우는 가장이라는 점이 함께 비춰짐으로써 그들의 싸움 놀이는 계속될 수 있다.

을 발하고 있다.

때때로 예능 프로그램에서 상대방에 대한 공격은 오히려 공격받는 자에게 동정심을 느끼게 하고 착한 사람 혹은 순한 사람이라는 이미지를 심어 줌으로써 긍정적인 반응을 유도하는 경우가 많다. 내가 현장에서 경험한 바로는 상대방의 공격을 오히려 고마워하고 부탁하는 경우도 없지 않았다. 이런 상황에서는 공격하는 자가 얼마나 수위를 잘 조절하고 받아들이는 자가 얼마나 유연하게 대처하는지가 중요하다. 이 구도는 사실 방송 코미디의 역사에서 오랜 전통을 가지고 있다. 전통적으로 콤비 개그에서는 공격적인 사람과 수비적인 사람이 짝을 이루는 것이 공공연한 법칙으로 여겨져 왔다.

공격적 유머는 재미 면에 있어 점잖고 예의 바른 유머보다 웃음의 폭발력이 훨씬 강하다. 매너 있는 유머는 대다수의 사람들이 불편함 없이 보고 즐길 수 있지만 웃음 자체의 강도는 다소 떨어진다. 웃음의 본질에는 공격성이 존재하고 공격성은 문화적 세련미가 추구되기 이전의 원초적 감정이므로 사람들은 그러한 유머에 더욱 강렬한 쾌감을 느낀다. 편안한 유머는 더 많은 사람들이 좋아한다는 강점이, 공격적 유머는 더 강력한 웃음을 유발한다는 강점이 있는 것이다.

편안한 웃음의 대표 격으로 유재석을, 공격적 유머의 대표 격으로 강호동을 들 수 있다. 유재석이 박명수와, 강호동이 이승기와 좋은 호흡을 보이는 것은 위와 같은 이유에서다.[28] 점잖은 유머를 구사하는

---

28) 여기에 이경규와 이윤석을 추가할 수도 있을 것이다.

코미디언은 웃음의 강도가 고민이며 공격적 유머를 구사하는 코미디언은 웃음의 폭이 고민일 것이다. 웃음의 강도와 웃음의 폭이라는 두 마리 토끼를 모두 잡는 코미디언이 결국 최후의 승자가 될 수 있지 않을까 생각한다. 웃음의 공격성과 애정은 서로를 뒷받침해 주는 요소지만, 또한 제각기 장단점을 가지고 있다. 웃음의 공격성과 애정을 균형 있게 취합한다면 최고의 웃음을 찾을 수 있을 것이다.

😀 동음이의어 (말장난 혹은 말놀이)

나는 2010년부터 서울 예술 전문학교에서 개그 연기라는 과목을 가르치고 있다. 개그맨을 지망하는 학생들에게 수업 중 짧은 개그를 짜 보라는 주문을 많이 하는데 학생들이 가장 많이 시도하는 것은 말장난이었다. 한 단어를 다른 문맥의 다른 의미로 사용하는 개그인 말장난을 가장 많이, 가장 편하게 구사하는 이유는 무엇일까?

단어들은 우리 뇌 속에 무작위로 배열되거나 흩어져 있는 것이 아니라 나름의 질서를 가지고 저장되어 있다. 연상이라는 마음 작용을 살펴보면 쉽게 이해할 수 있다. 우리는 흰색 하면 우유, 구름, 아이스크림과 같은 흰색을 띤 물질을 먼저 떠올린다. 그리고 백의민족, 순수함, 순결, 백치미 등 흰색과 관련된 추상적 단어들을 떠올리게 된다. 단어들이 유사성을 기준으로 우리 뇌에 질서정연하게 저장되어 있기 때문에 이러한 경향을 갖는 것이다. 심리학에서는 이를 프라이밍priming이라고 부른다.

하지만 어린아이들은 아직까지 성인들만큼 체계적이고 풍부하게 단어들이 저장되어 있지 못한 탓에 의미보다는 소리의 유사성으로 단어를 저장하고 구분하는 경우가 많다. 그 결과 연상할 때 비슷한 의미가 아닌 비슷한 발음의 단어를 제시하기도 한다. '희다'에서 '시다'를 연상한다던지 '맛있다'에서 '멋있다'를 연상하게 되는 것이다. 실제로 말장난이 가장 많이 이루어지는 시기는 유치원부터 초등학교까지라고 한다. 어른들의 경우는 심신이 피곤할 때 말장난이 늘어나게 된다. 이는 의미를 검색하여 연상하는 것보다는 단순히 비슷한 소리로 검색하여 연상하는 것이 뇌의 입장에서는 더 쉽고 편하기 때문이다. 비슷한 소리의 검색은 의미 검색에 비해 경제적이고 에너지 소모가 덜하다. 육체적 피로로 인해 작업에 대한 부담을 줄이고자 뇌가 단어의 의미보다는 표면적인 소리에 주목하는 것이다.

일반적으로는 말장난은 주로 동음이의어나 비슷한 발음의 단어들을 활용한다. 동음이의어의 경우 '철든 남자'가 대표적 예인데, 정신적으로 성숙한 남자와 단순히 철이라는 물질을 들고 있는 남자, 두 가지 의미로 해석될 수 있다. 코미디언들끼리 오래 해 온 농담 중 하나가 "넌 뜰 거야."이다. 이 문장은 상대가 성공할 것이라는 의미와 함께 "넌 뜰 거야, 누렇게."라는 의미를 가질 수도 있다. 비슷한 발음을 활용하는 경우는 여자친구가 남자친구에게 "오빤 나의 최고야."라고 말하는 척하다가 "오빤 나이 최고야."라고 슬쩍 말을 바꾸는 것을 예로 들 수 있다. 「남자의 자격」이라는 프로그램에서는 김국진의 소개팅에 대한 이야기를 나누던 중에 이경규가 "국진이를 이해해 줄 여성을 만나야 해."라고 하자 내가 "여승이요?"라고 되물은 일이 있다. 경상도 출신인 이경규의 어색한 '으/어' 발음과 김국진의 옛 별명인 고승을 결합한 말장난이었던 것이다.

동음이의어나 비슷한 음의 단어들을 이용한 말놀이는 다양한 언어들에서 발견된다. 다의성을 이용한 영어 농담으로 'Queen Mary Having Bottom Scraped.'라는 문장이 있다. 이는 '퀸 메리호가 바닥을 긁히다.'라는 뜻과 '메리 여왕이 엉덩이를 긁다.'라는 두 가지 의미로 해석된다. 비슷한 음을 이용한 말놀이는 'I scream You scream We all scream For ice cream.'과 같은 자장가에서 발견되기도 한다. 때로는 동일하거나 유사한 단어를 문장에서 품사로서의 역할을 달리해 다른 의미로 사용하기도 하는데 술자리에서 "안주 안 주?"라고 묻는다던지, "우리 사주사장는 사주팔자가 좋아. 그러니 밥 함 사주."라고 하는 식이다.

같은 위치에 있는 단어라도 품사에 따라 의미가 달라지기도 한다. 영어의 경우 'Squad helps Dog Bite Victim.'이라는 문장은 두 가지 의미로 해석된다. '구조대가 개에 물린 희생자를 돕는다.'는 뜻과 '구조대가 개가 희생자를 무는 것을 돕는다.'는 뜻이다. 비슷한 음을 이용한 품사의 이동은 'Gladly the cross-eyed bear/Gladly the cross I'd bear.즐거운 그 사팔뜨기 곰/즐거이 나는 십자가를 지리라.' 같은 경우이다. 이러한 말장난 혹은 말놀이는 대부분 품사의 전용과 동음이의어, 비슷한 음의 단어들을 함께 활용하는 경우가 많다.

말장난이 재미있게 느껴지는 이유는 부조화의 해소 때문이다. 얼핏 들으면 말이 되지 않는 진술 같지만 기존 사고의 흐름과 조금 다른 방향으로 생각해 보면 이면의 다른 의미가 보이고 그럼으로써 새로운 의미를 깨닫게 될 때 재미가 발생하는 것이다. 다시 말해 어딘가 어색하고 예측을 벗어났던 문맥의 모순이 결국 해결되면서 우리는 웃는다. 말장난 역시 웃음의 기본 구조인 긴장과 해소라는 틀을 활용하고 있는 것이다.

내가 활동하고 있는 예능계에는 수많은 유머의 달인들이 모여 있는데 그곳에서도 가장 자주 구사되는 유머가 말장난이다. 하지만 자칫 누구나 생각해 낼 수 있는 초보적인 말장난을 구사했다가는 동료들과 피디들, 만약 방송이라면 시청자들에게까지 따가운 눈총 세례를 면치 못한다. 그럼에도 가장 쉽게 떠오르고 편하게 구사할 수 있는 탓에 말장난은 개그맨들에게 언제나 유혹적인데 그들은 동음이의어처럼 그냥 들어도 개그가 가능한 단어들보다는 음을 살짝 비틀거나 비슷한 발음이지만 정반대의 의미가 나타나는 경우 등의 노련한 말장난을 시도한다.

말장난이 두뇌에서 적은 에너지를 소비하는 손쉬운 유머이기는 하지만 그렇다고 해서 꼭 수준이 낮거나 유치한 것이라고 할 수만은 없다. 역사를 돌이켜 보면 말장난과 유사한 구조를 지닌 문학 작품들이 매우 폭넓게 존재해 왔다. 고전 문학을 보면 우리나라의 시조도 그랬으며 한시나 서양 시에서도 종종 문장 끝에 비슷한 음의 운을 규칙적으로 사용했다. 동음이의어나 다의어를 이용하여 시적 재미를 배가시키는 경우도 많았다. 두보나 단테, 셰익스피어와 같은 대문호들 역시 소리의 유사성에 주목해 뛰어난 작품을 남긴 작가들이라고 할 수 있다. 정통 예술에서도 일종의 말장난이 문학 작품을 돋보이게 하는 역할을 담당했던 것이다. 「꽃」의 시인 김춘수와 「부드러운 단추」의 거트루드 스타인 같은 작가들은 언어의 의미를 최소화한 음들로 이루어진 작품을 통해 오히려 의미와 음의 전통적 관계를 역전시키는 실험을 하기도 했다. 그들은 단어의 의미를 제거했을 때 무엇이 남는가에 대한 집요한 추적을 통해 언어의 불완전성과 음의 중요성을 환기시켰다.

소리의 유사성을 통한 새로운 의미의 창출이나 대구를 통한 문장의 독특한 리듬을 구성해 내는 능력은 작가가 언어 사용에 능수능란함을 의미한다. 따라서 말장난은 언어의 잠재력을 표현하는 또 하나의 방법일 수 있다. 근대 언어학의 아버지 소쉬르도 언어란 표면적인 소리인 '기표'와 심층적인 의미인 '기의' 두 요소가 조합되어야만 비로소 올바른 의사소통이 가능하다고 지적했다. 소리와 뜻 중 어느 하나가 더 중요하다고 단언하기 어렵다는 것이다. 양자는 서로의 존재를 서로에게 의지하고 있는, 마치 요철과도 같은 상호 의존적 존재이다.

예술적인 측면을 차치하고라도 어린아이들에서 말장난이 많이 나타난다는 이유로 말장난을 폄하하는 것은 부당할 수 있다. 누구에게나 어린 시절은 가장 순수한 시절이며 아마도 가장 행복한 시절이기도 할 것이다. 이 시절에, 즉 때 묻지 않은 마음에서 말장난이 발생한다는 것은 나이가 들수록 말장난이 점점 줄어드는 까닭을 간접적으로 설명해 주는 듯하다. 시간이 흐를수록 우리의 마음에 때가 묻기 때문에 말장난이 사라지는 것은 아닐까? 어른이 된다는 것은 우리의 마음이 묵은 때로 혼탁해져 간다는 뜻은 아닐까? 늙음과 낡음을 혼동하는 것도 문제지만 찌듦과 성숙을 구별하는 지혜도 필요한 것 같다.

앞에서 언어는 음과 뜻이 합해져야만 온전해진다고 했다. 그런데 어른이 되면서는 점차 뜻과 의미의 중요성만을 강조하게 된다. 깊이만을 중요한 것이라고 생각하는 경직된 진지함, 의사소통의 효율성만을 중시하는 경제성 제일주의, 소리의 즐거움을 무시하는 청각적 감성의 둔감화가 어른들을 재미없게 만든다. 어린 시절, 소리 자체의 재미를 즐겼던 언어유희의 참맛을 어른들은 잊고 산다. 의미를 배제한, 혹은 의미를 최소화한 소리의 즐거움은 가사가 없어도 얼마든지 감상이 가능한, 아니 오히려 가사가 없기 때문에 오히려 온전히 악기의 연주에 귀를 기울일 수 있는 연주 음악과 유사한 것일지도 모르겠다.

요즘 젊은이들이 랩을 좋아하는 이유 중 하나가 의미와 재미의 결합 때문은 아닐까 하는 생각이 든다. 랩 또한 일종의 말장난을 필요로 한다. 하고픈 말을 하되 말하는 재미를 운을 통해 구성해 낸다. 단어와 문장은 의미뿐만 아니라 형식에 맞게 선택된다. 오늘날에는 문화, 예술뿐만 아니라, 나아가 제도나 정치, 경제 등 사회 곳곳에서 점차 재미의 중요성이 강조되고 있다. 농업에서도 다양한 이벤트와 체험을 강조하고 선거 철에도 각종 유머와 노래가 동원되며, 시위 현장에서도 놀이와 재미를 추구하는 등 이러한 예는 갈수록 증가할 듯싶다.

이를 거창하게 말하면 사회 현상의 엔터테인먼트화라고 할 수 있을 것이다. 이제는 의미만으로는 시선을 끌기 어렵다. 원하는 의미를 전달하기 위해서는 재미라는 포장이 필요하다. 칸트식으로 이야기하자면, 재미없는 의미는 맹목이고 의미 없는 재미는 공허하다고나 할까? 아인슈타인의 화법이라면, 재미없는 의미는 절름발이이고 의미 없는 재미는 장님이라 할 수 있을 것이다.[29] 어떤 의미를 담고 있든 일단 수용자의 시선에 포착되어야 그 메시지가 전달될 수 있다. 시간이 갈수록 재미와 의미의 결합은 사회의 각종 분야에서 중요성을 더해 갈 것이다.

😐 웃음의 남녀 차이

현대 사회에서 남성과 여성의 차이를 말한다는 것은 자칫 논란을 불러일으킬 수도 있다. 그러나 정치적·윤리적으로 남성과 여성이 동등하게 대우받아야 한다는 당위와 유성생식을 하는 종으로서 남녀가 가지고 있는 신체적·정신적 차이라는 사실에 대해 논하는 것은 분명하게 구별해야 할 일이다. 남성과 여성이 지니고 있는 차이가 얼마나 선천적이고 얼마나 후천적인지에 대해서는 계속해서 연구가 필요한 부분이지만, 어찌됐든 차이가 존재한다고 해서 차별이나 억압을 정당화하는 것은 자연주의적 오류를 범하는 일이다. 차이와 차별은 절대 같은 말이 아니며 사실에서 가치를 도출해 낼 수는 없다.

웃음과 관련하여 남성과 여성은 분명한 차이를 보인다. 지금까지의

---

[29]   칸트는 "직관 없는 개념은 공허하고, 개념 없는 직관은 맹목이다."라고 하였고, 아인슈타인은 "종교 없는 과학은 절름발이이고 과학 없는 종교는 장님이다."라고 하였다.

연구 결과들을 한마디로 요약한다면 '웃음은 여성의 것이고 유머는 남성의 것이다.'이다. 물론 이러한 명제는 절대적인 사실이라기보다는 상대적인 비율의 문제임을 전제로 한다. 웃음의 심리를 다룬 이 장에서 마지막으로 우리가 살펴볼 것은 과연 실제로 웃음에서 성차가 존재하는지, 그리고 위 명제가 정확히 의미하는 바가 무엇인지 하는 것이다.

   예능 프로그램들은 스튜디오에 방청객들을 모아 놓고 촬영을 하는 경우가 많다. 그런데 방청객들의 성비를 보면 거의 90퍼센트 이상이 여성으로 이루어져 있다. 아침 방송은 주로 주부들이고 다른 예능 프로그램들은 주로 10대나 20대 여성이 주류를 이룬다. 왜일까? 주부나 10대, 20대 여성이 남성들보다 한가해서일까? 아니면, 피디나 방송국

의 꼬드김에 여성들이 더 잘 넘어와서일까? 해답은 바로 여성이 남성에 비해 더 잘 웃기 때문이다. 그리고 경험에 의해 방송국 관계자들은 그 사실을 오래전부터 인지하고 있어서 여성들을 방청객으로 더 선호한다. 물론 아침 방송은 주된 시청자가 여성이라는 사실도 무시할 수 없지만. 여성들은 똑같은 농담에 더 재밌어 하고 더 자주 웃고 더 크게 웃는 경향이 있다.

도드, 러셀, 젠킨스는 1만 6000장이 넘는 졸업 사진들 중에서 남학생과 여학생의 미소 짓는 비율을 조사하였다. 그 결과, 유치원에서 초등학교 6학년까지는 남학생의 63퍼센트가, 여학생의 82퍼센트가 미소를 짓고 있었으며, 중학교 1학년부터 대학교까지는 남학생의 50퍼센트가, 여학생의 75퍼센트가 미소를 짓고 있었다. 5살 미만에서는 미소의 빈도수에 있어서 성차가 나타나지 않았다. 미소의 강도에 관한

연구도 있다. 이를 모두 드러내고 활짝 웃는 미소는 여성에서는 80퍼센트에 달했으나 남성의 경우에는 58퍼센트에 그쳤다.

어떠한 농담에 대해 재미있게 느끼는 수준이 달라서 웃음으로 표출되는 정도가 다를 수도 있다. 그러나 대개 똑같은 수준으로 재밌어 하더라도 남성의 경우 그것을 웃음으로 표출하는 정도가 여성에 비해 덜하다. 또한 내 경험으로는 프로그램 녹화 도중 설령 남성들이 크게 웃는다고 해도 이를 나중에 들어 보면 그 소리가 그다지 상쾌하거나 흥겹게 들리질 않는다. 여성들처럼 청량한 웃음소리가 아닌 그저 "허허" 하거나 "흐흐"거리는 중저음의 소리가 대부분이다. 분위기를 상승시키는 하이톤의 "까르르" 웃는 웃음은 역시 여성들의 전매특허이다.

언젠가부터 여성의 웃음은 조금 더 미묘한 기능을 하게 되었다. 여성은 웃음으로 상대 이성에 대한 호감을 표시하게 된 것이다. 여성의 웃음은 상대방과 원만한 관계를 원한다는 의사를 내비치는 결정적인 지표라 할 수 있다. 그러므로 남성이 유머를 구사했을 때 여성이 웃는지의 여부로 그 남자에 대한 호감도를 추측해 볼 수 있다. 이는 로버트 프로바인의 연구로 증명이 되었는데, 일상 대화를 중심으로 1년간 1,200건의 사례를 연구한 결과, 남자가 농담을 할 때 71퍼센트의 여자가 웃은 반면 여자가 농담을 할 때에는 39퍼센트의 여자만이 웃었다. 대화의 내용이나 수준들은 비슷했던 것으로 보아 여성들은 농담이 재미있어서 웃기도 하지만 상대방에게 호감을 표시하기 위해 웃는다는 것을 입증한다고 볼 수 있다.

프로바인은 남성_{male, m}과 여성_{female, f} 그리고 화자_{speaker, S}와 청자

audience, A를 구분하여 남녀의 웃음 차이를 연구하였는데, 그 결과 여성이 남성을 향하여 말할 때 Sf-Am 웃음의 빈도 차가 가장 크게 나타남을 발견하였다. 이 경우 여성 화자는 남성 청자에 비해 무려 126퍼센트 정도 많은 웃음을 보였다. 가장 적은 웃음의 경우는 남성 화자와 여성 청자의 상황 Sm-Af이었는데 이는 화자가 청자보다 덜 웃는 유일한 경우였다. 프로바인의 연구는 대부분 말하는 이가 듣는 이보다 더 많이 웃는다는 사실을 보여 준다. 이는 우리의 상식에 위배되는 것이다.

우리는 대개 누군가 웃겨 주면 이에 반응해서 웃는다고 생각한다. 그러나 웃음은 자족적 표현이라기보다는 오랜 시간에 걸쳐 진화한 사회적 신호이다. 사실 우리는 누군가가 웃겨서가 아니라 서로에게 친근함을 표현하기 위해 웃는다. 웃음이 우리 생활에 너무도 자연스럽게 함께하고 있는 탓에 우리는 오히려 웃음의 실체에 대해 오해를 하고 있었던 것인지도 모른다. 웃음은 단지 누군가의 유머에 대한, 텔레비전 코미디에 대한 반응만은 아니다. 웃음은 그렇게 수동적인 것이 아니다.

지금까지 우리의 상식으로 자리 잡고 있었던 '웃음은 듣는 이의 것'이라는 명제는 사실이 아니며 실제로는 '웃음은 주로 말하는 사람과 여성의 것'이다. 남녀가 섞인 상황의 대화에서 여성은 웃음을 주도하고 남성은 그러한 웃음을 수용하는 입장이라고 할 수 있다. 여성의 이러한 특성은 사회적 상황에서의 유연함과 능숙함이라는 여성의 장점을 잘 보여 준다. 여성은 삭막한 사회관계를 부드럽게 이어 주는 촉매 역할을 한다.

웃음에 관한 남녀의 역학 관계에서 여성들은 주도적 위치를 차지하고 있지만 상대의 진의를 파악하는 능력은 남성에 비해 다소 부족한 편이다. 허트포드셔 대학교의 심리학자 기처드 와이즈먼 교수는 한 실험에서 남녀 1만 5000명에게 거짓 미소와 진짜 미소를 구분하는 직관 테스트를 실시하였다. 피험자들에게 거짓 미소와 진짜 미소를 찍은 사진을 10장씩 보여 주었는데 그 결과 적중률이 여성은 71퍼센트, 남성은 72퍼센트로 나타났다. 거짓 웃음에 대한 직관의 경우 남성과 여성은 적중률이 비슷했다. 일반적으로 여성이 남성보다 직관이 뛰어나다고 알려져 있으나 사실은 둘이 비슷한 것이다.

한 가지 흥미로운 사실은 남성은 남성보다는 여성이 짓는 거짓 미소를 더 잘 파악한 반면, 여성은 남성이 짓는 거짓 미소를, 남성이 여성에 대해 파악하는 만큼 잘 가려내지 못했다는 것이다. 남자가 여자들의 웃음을 제대로 파악한 비율은 76퍼센트였으나 여자가 남자의 웃음을 옳게 파악한 것은 67퍼센트였다.

일상의 예로 바꾸어 이야기하자면 평소 이성의 거짓 미소에 속을 가능성은 남성보다 여성이 더 높다는 것이다. 우리는 가끔 누군가가 일상적, 의례적으로 보내는 미소를 자신에 대한 호감, 관심의 표현으로 오해하기도 한다. 일반적으로는 남자들이 여자들의 미소를 오해하는 경우가 더 많다고 알려져 있다. 그러나 위의 결과는 그 반대일 수 있음을 나타낸다. 내 추측으로는 남성들의 경우 그러한 오해를 재미있는 일화로 간주하여 남들에게 거리낌 없이 공개하지만 여성들의 경우 사회적 굴레와 특유의 자존심으로 인해 자신의 오해를 공개하지 않는 탓에 그러한 통념이 유지되고 있는 것 같다.

일상에서 나누는 평범한 대화 속에서 짓게 되는 친근한 웃음 외에도 우리는 누군가의 유머에 의해 웃는다. 우리의 상식에 부합하는 바로 그 웃음 말이다. 그렇다면 유머를 행하는 사람은 어떤 사람일까? 우리는 왜 누군가를 웃길까? 남성과 여성 중 누가 더 유머를 자주 구사할까?

직업적 코미디언을 포함해 농담을 하는 사람들, 한마디로 웃기는 사람들은 매우 행복한 존재라는 사실을 한 연구를 통해 추측할 수 있다. 프로바인은 간지럼 놀이에서 간질이는 사람과 간지럼을 타는 사람의 즐거움을 측정하였다. 그 결과 간질이는 사람은 10점 척도에서 5.9, 간지럼을 타는 사람은 5.0인 것으로 확인되었다. 간질이는 사람이 더 즐거움을 느낀다는 것이다. 이는 쫓기는 자가 더 많은 웃음을 보였던 침팬지의 경우와 전혀 다른 결과이다. 유머는 언어를 통한 마음의 간질임이라는 우리의 가설에 근거한다면 농담을 하는 사람이 더 큰 기쁨을 느낀다고 말할 수 있다. 우리는 주로 코미디나 농담을 듣고 웃는다고 생각하기 때문에 관객이나 청중들의 즐거움이 더 클 것이라고 예상하지만 웃겨 본 사람은 안다. 자신의 유머에 사람들이 웃음을 터뜨릴 때 자신의 내부에서 터져 나오는 환희를……. 사람들 사이에서 퍼져 나가는 웃음 바이러스의 최초 유포자가 자신일 때 그만이 느낄 수 있는 은근한 자부심과 희열을…….

간질이는 자가 더 많이 즐겁다는 사실은 말하는 자가 더 많이 웃는다는 프로바인의 연구 결과와도 일맥상통한다. 웃음은 단지 수동적인 현상이 아닌 것이다. 말하는 자, 웃기는 자, 그리고 여성이 즐거운 웃음의 중심에 있다. 그런데 텔레비전에 등장하는 코미디언은 남자가 훨씬 많다. 실생활에서도 웃기는 사람들은 주로 남성인 경우가 많다. 이러한 사실은 여성이 농담의 주체라기보다는 대화를 원활히 운용하는 중개자임을 암시한다. 농담을 통해 즐거움을 생산하기보다는 대화 자체가 원활히 이어질 수 있도록 끊임없이 분위기를 고조시키는 역할을 하고 있는 것이다.

카스텔과 골드스타인의 연구에서도 남자가 여자보다 훨씬 더 많은 농담을 하는 것으로 나타났다. 이러한 경향은 성인뿐만 아니라 아이들에서도 나타나며 벨기에, 미국, 홍콩 등의 비교 문화 연구에서도 확인되었다. 농담이 처음 출연하는 6살 즈음의 아이들도 남자 아이들이 여자 아이들보다 유머를 더 자주 구사했다. 이러한 결과는 농담을 하는 사람이 주로 남성인 것이 보편적인 현상임을 증명한다.

남성이 여성보다 농담을 더 많이 하는 이유는 무엇일까? 어떤 이들은 농담과 신분 간의 상관관계에서 그 이유를 찾는다. 진화심리학에 따르면 통계적으로 남성은 여성에 비해 더 지위 추구적이고 경쟁적이며, 위험을 감수하려는 경향이 높다. 그 결과 사회에서 더 높은 지위를 차지하는 권력자의 위치에 있을 확률이 높다.

전통적으로 사회적 지위가 높은 사람은 지위가 낮은 사람보다 농담을 더 많이 하는 경향이 있다. 이를 '유머의 하향성'이라고 하는데 실제로 사회생활에서 유머는 상급자보다는 하급자를 향해 구사되는 경우가 많다. 유머에는 상급자들만이 감당할 수 있는 일종의 사회적 비용이 내재되어 있기 때문이다. 공적인 상황이나 긴장 상태에서 섣불리 농담을 시도하는 것은 위험한 결과를 초래할 수 있다. 웃음을 자아내는 데 실패했을 경우 분위기를 혼탁하게 만들게 되고 웃음이 나온 경우라 해도 엄숙한 자리의 위엄을 격하시켰다는 비난을 들을 수 있다. 그래서 분위기의 전환을 주도할 권리를 가진 상급자들만이 농담에 대한 결정권을 가지게 된다. 농담을 할 때 자신이 상대방보다 나이가 많거나 지위가 높을수록 부담이 덜한 것은 이와 같은 이유 때문이다. 상급자가 아니라면 서로가 동등하다거나 친근한 관계라는 전제가 필요하고, 혹은 공식적으로 유머가 허락된 자리라는 동의가 필요하다. 특정 모임의 사회자가 바로 그러한 권리를 위임받은 존재인 것이다.

유머의 하향성 이론은 여성들이 과거에는 남성들에 비해 사회적 지위가 낮았기 때문에 사회적 비용을 감수해야 하는 쪽, 즉 농담을 하는 쪽보다는 들어 주는 쪽을 선택하게 되었다고 설명한다. 이러한 원리는 물론 사회적 지위가 낮은 남성에게도 해당된다. 직장 내에서 하급자가 상급자에게 농담을 하는 것은 어느 정도의 위험 부담을 안고 있는 것이 사실이다. 현명한 부하 직원들은 농담이 가능한 상황, 필요한 상황을 잘 판단하고 적절한 수위와 내용을 선택하는 능력을 가지고 있다. 그들은 직장 내에서의 긴장된 관계를 부드럽게 하는 윤활유와 같은 역할을 해낸다.

농담의 남성 편향성에 대해 또 다른 학자들은 농담에 외설성이나 공격성이 포함되어 있기 때문에 여성들이 기피하는 것이라고 설명한다. 앞에서 살펴보았듯이 웃음의 기원에는 공격성이 자리 잡고 있다.

애정이라는 요소도 중요하지만 웃음을 자아내는 가장 빠른 방법이자 가장 효과적인 방법은 공격적인 유머인 것이다. 여성은 상대적으로 폭력보다는 평화를 선호한다. 진화심리학은 통계적으로 남성이 여성보다 폭력성과 공격성이 높음을 보고하고 있다. 진화심리학자인 마고 윌슨과 마틴 데일리는 전 세계 살인 사건들을 조사한 결과, 가해자와 피해자의 상당수가 미혼 남성이었음을 보고하였다. 성적, 물질적, 사회적으로 아직 안정되지 못한 미혼 남성들은 때로 매우 위험해질 수 있다. 진화 연구의 최전선에 있는 헬레나 크로닌이라는 여성 학자는 경쟁적이고, 위험을 무릅쓰고, 사회적 지위에 대한 욕구가 강하고, 오직 일밖에 모르고, 끝까지 참고 견디는 등의 성향은 평균적으로 남성들이 더 많이 소유하고 있음을 밝혔다. 이에 비해 여성은 위험에 신중하고 감정 이입을 더 잘하며 사람 지향적이고 협력적인 성향을 지니고 있음을 많은 연구들이 밝히고 있다.

뇌의 성차를 다룬 『브레인 섹스』라는 책에서는 남녀의 마음과 행동, 감성, 인지의 차이를 호르몬으로 인한 뇌 구조, 뇌 기능의 차이로 설명한다. 남성에게 주로 영향을 미치는 테스토스테론과 여성에게 주로 영향을 미치는 에스트로겐 및 프로게스테론에 의해 남성은 공격적이고 권력 지향적인 성향을 띠게 되고, 여성은 감성적이고 섬세한 성향을 띠게 된다. 뇌의 구조 또한 남성과 여성은 우뇌와 좌뇌의 생김새, 양 반구를 잇는 뇌량의 크기 등이 다르다. 대체로 남성은 이성적인 좌뇌형 인간, 여성은 감성적인 우뇌형 인간이라고 할 수 있으며, 여성은 뇌량의 능력으로 인해 좌뇌와 우뇌의 소통이 남성보다 원활하다. 뇌에서 관찰되는 이러한 남녀의 차이는 다른 과학적 사실들과 마찬가지로 통계적 평균을 뜻한다는 것을 유념해야 한다. 전반적으로 남자가 여자보다 키가 큰 것은 사실이지만 반대의 사례도 발견되는 것처럼 생물학적 기반 위에 발생하는 남녀 마음의 차이 또한 평균적인 통계 수치로 이해해야 한다.

 진화심리학자들은 남성에게 있어 유머 감각은 때로 외모나 키보다도 여성에게 중요한 매력 포인트로 작용한다고 주장한다. 유머 감각이 그 사람의 정신적 능력, 즉 두뇌의 우수함을 보여 주기 때문이라는 것이다. 또한 사회적 능력이 뛰어나고 인간관계가 원만하다는 간접적인 신호로 파악될 수도 있다. 이탈리아의 작가 우고 베티는 "남자가 여자를 웃게 만들 때 여자는 보호받고 있다는 느낌을 받는다."라고 하였다. 여자에게 웃음을 줄줄 아는 남자, 여자가 지루함을 느끼지 않게 하는 남자, 위급하거나 힘든 상황에서도 여자를 웃게 만드는 남자, 상황과 분위기에 맞춰 적절한 농담을 구사할 줄 아는 남자는 매력적일 수밖에 없다. 유머의 하향성과 공격성이라는 특징은 남성의 지위와 매력을 암시한다.

 지금까지 살펴본 연구 결과들은 웃음과 유머에 있어서 남녀 간에 차이가 존재함을 보여 준다. 이제 앞에서 언급했던 "여성의 웃음과 남성의 유머"가 뜻하는 바가 무엇인지 알아챘을 것이다. 통계적으로 남성은 여성에 비해 유머를 더 많이 구사하고 여성은 남성보다 더 많이 웃기 때문에 유머는 남성의 무기, 웃음은 여성의 무기인 것이다.

 하지만 이러한 사실들은 웃음의 현장에서 분투하는 여성 코미디언들에게는 맥이 빠지게 하는 것일 수 있다. 이성에 대한 매력과 관련된 연구들은 대체로 남자들은 웃는 여자를 좋아하지만 웃기는 여자를 특별히 더 선호하지는 않는다고 밝힌다. 여성을 유머의 주체라기보다는 유머의 대상으로 인식하는 것이다. 주위 남성들에게 매력적인 여성의 요건에 대해 물어보라. 여성의 유머를 상위에 꼽는 남자는 그리 많지 않을 것이다. 하지만 여성들에게 동일한 질문을 하면 그 반대 경향을 뚜렷하게 보인다. 그래서 어떤 학자는 다음과 같이 충고하였다. 만일 당신이 여자이고 어떤 남자에게 잘 보이고 싶다면 지나친 유머는 삼가라고. 여성 코미디언들에게는 매우 가슴 아픈 조언일 것이다.

여기 여성 코미디언들의 현실을 여실히 보여 주는 또 다른 연구가 있다. 농담에는 일종의 사회적 비용이 있어서 주로 상급자가 하급자에게 구사하는 경우가 많다는 것은 앞에서 이야기하였다. 그런데 사회적 지위와 관련하여 농담의 이러한 관계가 역전되는 경우가 있는데 바로 자기 비하 유머를 구사할 때이다. 전통적으로 사회적 지위가 낮은 사람들은 지위가 높은 사람들보다 자기 비하 유머를 더 많이 구사해 왔다. 레빈은 이와 관련하여 남녀 코미디언들이 스스로를 비하하는 유머를 얼마나 자주 사용하는지 조사하였다. 그 결과 남자 코미디언은 12퍼센트, 여자 코미디언은 63퍼센트가 자기 비하 유머를 구사했다.

우리나라의 경우 여성 편향이 더 심하게 나타나지 않을까 하는 생각이 든다. 사람들의 의식이 많이 성숙했다고는 하지만 아직도 여성 코미디언들의 활동에는 많은 제약이 있고, 남성 코미디언들만큼 수위가 높거나 공격적이거나 무례한 유머를 구사하는 것이 여성 코미디언들에게는 좀처럼 허용되지 않는다. 그렇기 때문에 당장 관심을 받지 못하면 쉽사리 도태되고 다른 누군가에게 기회를 뺏기고 마는 냉혹한 방송 현장에서 여성 코미디언들이 취할 수 있는 웃음 전략은 자기 비하나 나르시시즘<mark>이른바 공주병 콘셉트</mark>일 수밖에 없는 것이 현실이다. 그런데 나르시시즘은 평범하거나 그보다 못한 외모를 가진 개그우먼이 구사할 경우 자기 비하를 거꾸로 뒤집어 놓은 것에 불과하다. 즉, 자신의 여성성을 스스로 조롱하거나 반대로 과장하여 웃음을 유발하는 것이다. 이러한 현상은 웃음의 우월론에서 말하고 있듯이, 개그우먼들이 대다수 평범한 여성이나 평범하지 못한 여성 등 상대적 약자들의 입장을 대변하고 있음을 보여 준다.

코미디 프로그램에서 대부분의 신인 개그우먼이 등장하는 방식은 자기 비하 개그이다. 망가지는 것을 두려워하지 않고 온몸을 바친 자기 비하 개그가 성공하여 어느 정도 인기를 얻고 나면 다른 코너를 선보이거나 장르를 전환하여 예능, 버라이어티, 토크쇼 프로그램에서 새로운 모습으로 나타난다. 방송에서는 자신의 외모를 깎아내림으로써 시청자들에게 큰 웃음을 주지만 실생활에서는 그녀들 또한 예뻐 보이고 싶고 관심과 사랑을 받고 싶은 평범한 20대 젊은 여성들이기에, 많은 개그우먼들<mark>자신의 뚱뚱하고 못생긴 외모를 공개적으로 비하하거나 나르시시즘화함으로써 우월론적 웃음을 선사하여 사랑을 받았던</mark>이 인기를 얻으면 성형을 하거나 살을 빼는 등 다양한 노력을 해서 보다 예뻐지려 한다. 그런데 안타깝게도 그렇게 바뀐 외모는 대중들이 원하는 개그우먼의 모습이 아닌 경우가 많다. 대체로 시청자들은 예쁘고 날씬한 여성이 선보이는 고급

잘난 체하는 듯한 코미디보다는 뚱뚱하고 못생긴 여성이 구사하는 편안한 자기 비하 코미디를 보고 싶어 하니 말이다. 그 결과 외모에 변신을 꾀한 개그우먼들은 시청자들의 관심에서 멀어지고 결국 설 자리를 잃기도 한다.

물론 코미디언들을 비롯해서 모든 연예인들은 일종의 상품으로서 냉정한 자본주의 대중문화 시장에서 효과와 효용에 의해 선택된다. 그러나 연예인들 중 특히 여성 코미디언이 직업인으로 그리고 자연인으로 매우 불리한 조건에 처해 있다는 것도 사실이다. 코미디언은 보통 이하의 사람 역할을 떠맡음으로써 사람들에게 웃음을 주는 직업이다. 그리고 방송사에서 코미디라는 장르는 적은 제작비로 많은 이윤을 창출하는 일종의 영업 사원 역할을 맡고 있다. 거기에 더해 개그우먼들은 사회적 약자인 여성이라는 이유로 차별과 편견을 감수해야 한다. 그녀들은 직업적, 장르적, 성적 약자라는 삼중고를 겪고 있는 것이다. 이처럼 안팎으로 힘겨운 상황 속에서 그녀들은 널리 웃음을 전파하기 위해 오늘도 혼신의 힘을 다하고 있다.

브라운관 속에서 개그우먼들은 굵은 종아리를 드러내고, 아이돌 소녀들의 틈에서 거친 웨이브를 구사하며, 남자들에게 무시당하는 역할을 자청하고, 미남 스타들에게 들이 대고 열렬히 환호함으로써 상대를 더욱 빛나게 해 준다. 때로는 "왜 저래?"라는 생각이 들 정도로 소리 지르고, 윽박지르고, 뒹굴고, 자빠진다. 누구나 감추고 싶어 하는 내밀한 모습마저 카메라 앞에서 만천하에 공개한다. 그러나 조명이 꺼지고 나면 그녀들도 여인으로 돌아온다. 그리고 때로는 남몰래 울음을 삼킨다.

 말 나온 김에 세상의 모든 여성 코미디언들, 개그우먼들의 건투를 빌고 싶다. 그러한 고통은 알을 깨는 몸부림으로 새로운 자신을 창조하는 과정이기도 할 것이다. 고통 없이 누군가를 웃기는 것은 짧은 잔재주로 끝나기 쉽다. 진정한 코미디언으로 거듭나기 위한 단련의 과정인 것이다. 주로 웃는 쪽이 여성이라지만 그녀들은 웃기는 쪽에 섰다. 자청해서, 용기 있게 무대를 선택했다. 그녀들은 웃음의 레지스탕스다. 웃음에 관한 기존 학설들을 전복하는 첨단에서 그녀들은 맹활약하고 있다. 부디 그녀들이 여성 코미디언으로 우뚝 서길 기원한다. 사회의 진보를 측정하는 다양한 기준이 있을 것이다. 나는 여성 코미디언들의 직업적인 성공과 가정에서의 행복이 우리 사회의 진보성을 시험하는 잣대가 될 수 있을 것이라 생각한다.

| 텔레비전과 현실 |

등장한 지 불과 몇 십 년 만에 텔레비전은 우리 사생활 깊숙이 침투했다. 이제는 더 이상 사치품이 아닌 없어서는 안 될 생필품으로 여겨지며 집안에서도 사람들이 많이 모이고 자주 들락거리는 가장 좋은 위치에 떡 하니 자리 잡고 있다. 그러자 나타난 것이 사생활의 텔레비전 침투이다. 이는 두 가지 양상으로 전개된다. 하나는 연예인들의 사생활이 텔레비전에서 이야기되는 것, 즉 연예인들의 실제 모습이 프로그램에서 보여지는 것이다. 다른 하나는 텔레비전에서 본 이야기와 행동들이 우리의 현실 삶에서 재연되는 것이다. 과거에는 텔레비전이 사람들의 일상생활에 침투하여 우리의 생활을 구성하였다면 이제는 우리의 일상생활이 텔레비전에서 재연된다. 그리고 우리는 텔레비전에서 본 일상을 다시 우리의 일상에 재도입하고 있다.

　이러한 흐름에 따라 현실성을 띤 '리얼리티 프로그램'들이 몇 년 전부터 큰 인기를 끌고 있다. 하지만 여기서 주의해야 할 것은 예능 프로그램의 목적은 출연진들의 실제 삶이나 촬영 당시의 진짜 상황을 있는 그대로 여과 없이 보여 주는 게 아니라는 것이다. 예능 방송의 최종 목적은 실제가 어떻든 보는 사람들이 과연 그것을 얼마나 실제처럼 느끼게 만드는가, 그럼으로써 얼마나 재미를 느끼게끔 하는가에 있다. 현실 그대로, 현실 자체가 아니라 '현실성'이 관건인 것이다. 요리 프로그램이나 맛집을 찾아다니는 프로그램 제작진에게는 요리의 실제 맛도 중요하지만 그 요리를 보게 될 시청자들이 얼마나 맛있게 느끼는가, 그 요리가 시청자들에게 얼마나 맛있게 보이는가가 더 중요하다.

　김이 모락모락 나는, 각종 채소와 양념이 버무려져 보글보글 끓어오르는 찌개는 먹음직스럽다. 그것을 먹는 사람들의 표정과 소리를 통해 "아, 정말 맛있어 보인다." 하고 시청자들이 느끼게끔 극대화시켜 전달하는 것이 프로그램의 목적이다. 제작진이 가장 안타까워하는 상황은 실제 출연진들이 맛있게 먹었음에도 시청자들에게 그 느낌이 전달되지 못한 때이다. 나 역시 음식 프로그램에서 고역을 치른 기억이 있는데 음식이 맛이 없어서가 아니라 프로그램의 제작 특성상 겪을 수밖에 없는 어려움 때문이었다.

음식이 나오자마자, 즉 가장 먹음직스럽게 보일 때 그 음식은 먹는 출연자의 몫이 아닌 카메라의 몫이다. 일단 가장 맛있어 보일 때 카메라가 찍어 놓아야 하다 보니 정작 우리가 먹을 때는 다 식고 굳어서 아무 맛도 없는 경우가 많았다. 그러나 그런 세부적인 상황을 시청자들은 알지 못하는 탓에 우리는 어쨌든 정말 맛있게 먹어야 했다. 최근에는 제작 과정상의 절차들이 개선이 되어 출연자들이 실제로 음식이 맛있는 상태에서 시식하는 것으로 알고 있다. 2차원 평면으로 구현되는 가상의 세계인 만큼 100퍼센트 현실 그대로를 텔레비전을 통해 느낄 수는 없겠지만 가능한 한 현실에 가깝게 시청자들이 느끼도록 만들기 위해 제작진들은 끊임없이 고민하고 있다.

텔레비전 속에서 출연자들이 서로 개인적 약점을 폭로하고 곤란한 처지에 빠뜨리며 언성을 높이는 등 무례해 보이는 행동을 일삼는 것도 이와 유사한 메커니즘을 가지고 있다. 출연자들은 실제 그들의 관계와는 상관없이 방송에서 적대적 관계인 양 행동한다. 상대방에 대한 불만이나 단점, 치부를 거침없이 공격하기도 한다. 그러나 앞서 유머의 공격성에 관해 살펴보며 언급했듯이 출연자들이 그렇게 행동할 수 있는 것은 실제로는 그들이 매우 친한 사이이기 때문이다. 대부분의 성인 시청자들은 그들의 토닥거림이 진짜가 아니라 서로의 친분을 바탕으로 암묵적인 동조 하에 벌어지는 상황이라는 것을 어느 정도 인식하고 있다.

물론 가끔은 그러한 공격이 매우 현실적이고 지나쳐서 시청자들이 그들의 관계를 걱정하고 불편해 하는 경우도 있다. 방송사 밖에서 만난 사람들 중 몇몇은 서로 앙숙 관계로 등장하는 출연자들이 실제로도 사이가 나쁜지 물어 오기도 한다. 물론 각각의 경우를 모두 따져 보아야 하겠지만 내가 지금까지 경험한 바로는 방송에서 공공연히 사이가 좋지 않음을 밝힐 정도라면 관계가 이미 회복이 되었거나 애당초 별 문제없는 경우가 많았다. 실제로 그렇게 나빴다면 그들의 모습을 한 프로그램 내에서 보는 것조차 쉽지 않을 것이다.

스티븐 핑커는 텔레비전 속 현실을 실재로 받아들이는 이러한 경향을 "알면서 속아 주기"라고 표현했다. 우리가 산타가 존재하지 않는다는 사실을 알면서도 마치 존재하는 것처럼 행동하며 그 문화를 즐기듯 사람들은 텔레비전을 이용하여 즐긴다는 것이다. 그러나 순진한 어린아이나 청소년들은 가끔 텔레비전 속 모든 것을 있는 그대로 받아들이기도 한다. 믿고 보는 만큼 즐거움은 더 커지기 때문에 현실에서 심각한 수준의 일탈을 저지르지만 않는다면 즐겁게 텔레비전 보기의 일환으로 인정해 주는 것도 괜찮을 듯하다.

5장

웃음과 사회

웃음은

근본적으로 사람들을 한데 묶어 주는

사회적 음성 신호이다.

─ 로버트 프로바인

교실 어느 구석에선가 키득키득 웃음이 새어 나온다. 얼마 지나지 않아 그 주변에 앉은 학생들도 하나둘 키득거리기 시작하고 어느새 웃음은 들불처럼 번져 반 전체 학생들이 따라서 웃게 된다. 애초에 웃은 학생이야 나름의 이유가 있었겠지만, 반 전체로 번지고 보면 이미 이유 따위는 중요치 않다. 누군가는 웃고 있는 짝꿍의 얼굴이 웃겨서 웃고, 누군가는 얼결에 따라 웃고, 또 누군가는 이유 없이 웃고 있는 아이들이 웃겨서 웃는다. 갑자기 웃음을 터뜨리는 아이들 때문에 어처구니없어 하던 선생님도 마지못해 따라 웃다가 한바탕 웃음의 공습이 교실을 휩쓸고 지나가면 모두가 한껏 밝아진 얼굴로 다시 제 자리로 돌아와 수업에 임한다.

1장에서 우리는 인류의 조상들이 최초로 웃음을 터뜨린 상황을 그려 보았다. 그때 경규의 동료들은 경규가 웃자 함께 웃었다. 그들뿐만 아니라 웃음의 원인 제공자였던 구라는 이유도 모른 채 그들을 따라 웃었다. 누구나 일상생활에서 이런 경험을 해 보았을 것이다. 누군가 웃으면 우리는 따라 웃는다. 웃음은 전적으로 내적인 행복감에 의해 발생하는 것이 아니라 주위 사람들에게 자신의 감정을 알리기 위한 사회적 신호로 진화했기 때문이다. 이 장에서는 사회적 신호로서 웃음이 보이는 특성과 이를 가능하게 하는 신경학적·심리학적 구조에 대해 알아볼 것이다.

😆 웃음의 전염성

웃음의 역할 중 하나는 사람들 간에 보이지 않는 끈을 연결해 주는 것이다. 우리는 하나라는 느낌, 우리는 같은 편이라는 느낌, 우리는 현재 즐겁고 기분 좋은 상태라는 느낌을 웃음은 갖게 해 준다. 그렇기 때문에 웃음은 한 사람에게서 다른 사람에게로 전염된다. 모두가 같은 감정의 끈으로 묶이게 되는 것이다. 사실 웃음뿐만 아니라 슬픔, 두려움, 기쁨 등의 다양한 감정들은 모두 전염성이 있다.

그런데 '웃음은 기분 좋은 느낌을 공유하게 하므로 전염된다'는 설명은 불완전하다. 이는 음식은 맛이 있으므로 먹는다는 대답과 유사하다. 음식을 먹는 근본 원인은 생존에 필요한 물질과 양분을 공급하기 위함인 것이다. 웃음이 전염되는 이유에 대한 근본적인 답은 앞서 제시한 거짓 경보 이론에 이미 함축되어 있다. 라마찬드란은 웃음의 역할은 현재 지각된 위협에 대한 정보가 무해하다는 사실을 주위에 알리는 것이라고 하였다. 여기서 핵심은 '전달'이다.

어떤 정보를 주위 사람들에게 알리기 위해서는 눈에 띄는, 혹은 귀를 자극하는 신호가 필요하다. 위험에 직면했을 때 귀를 찢을 듯 내지르는 비명을 생각해 보라. 웃음도 마찬가지다. 혼자만 조용히 웃는 웃음은 타인에게 전달되기 어렵다. 우리의 먼 조상 A와 B가 있었다고 해 보자. A는 지금 당장이야 내A가 안전하면 됐지 굳이 다른 이들B에게까지 알릴 필요가 있겠냐 싶겠지만 만일 나중에 B가 똑같은 상황에서 안전함을 확인한 후 혼자만의 즐거움으로 간직한다면, A는 부질없는 위험에 아까운 에너지와 시간을 낭비하게 된다. 그러므로 큰 소리로 웃는 것이 서로에게 유리했다. 웃음이 시끄러운 것은 프로이트의 해석처럼 갇혀 있던 심리적 에너지가 방출되기 때문이 아니다. 안전을 확인한 사람이 소리 내어 웃음으로써 다른 사람이 쓸데없이 에너지를 낭비하는 일을 막아 주었고, 이렇게 상호 교환된 웃음은 서로에게 이득을 남기면서 오늘날까지 살아남아 발전해 올 수 있었다.

사회적 신호는 많은 사람에게 전달될수록 그 효과가 크다. 안전을 확인한 누군가가 웃었다면 옆 사람이 따라 웃을수록, 그리하여 그 옆의 사람이 웃고, 또 그 옆의 사람이 웃고 해서 더 많은 사람이 따라 웃을수록 안전함의 신호가 집단에 널리 퍼져 많은 이들이 낭비 없이 다른 활동에 몰입할 수 있다. 또는 생활고에서 벗어난 그 순간을 모두가 축복하며 즐거운 시간을 함께 만끽할 수 있다. 이를 위해 웃음은 높은 전염성을 가지게 되었다. 웃음이 옆 사람에게 또 그 옆 사람에게 전염

됨으로써 결국 현장의 모든 동료들은 '우리는 현재 안전하게 한 배를 탄 친구들'이라는 확신을 갖게 된다. 웃음이란 기본적으로 사회적 관계를 위한 집단 내 신호로 진화한 것이다.

우리는 대화의 현장에 있지 않고서는 왜 웃긴 것인지 알 수 없는 일상적인 말들을 주고받으며 웃음 짓기도 한다. 로버트 프로바인은 대학 캠퍼스에서 대화를 나누는 사람들이 주로 어떤 말에 웃는지를 관찰했는데 가장 대표적인 것이 "다음에 보자."와 "뭐라고?"였다. 이처럼 전혀 재밌지 않은 말이 웃음을 유발하는 까닭 또한 웃음이 사회적 신호라는 사실과 관련 있다. 웃음이란 근본적으로 함께하고 있는 사람들과의 자리가 안전하고 즐겁다는 신호이므로 직접적 농담이 아니어도 우리는 끊임없이 웃음을 통해 흥을 북돋는 것이다. 그 결과 별것 아닌 말에도 웃음이 나오고 그 웃음은 다른 이의 웃음을 촉발하기도 한다. 이미 19세기의 연극 제작자들은 이러한 현상을 인식해 연극 무대에서 활용했다. 웃음의 전염성을 이용하기 위해 전문적인 웃음 관객을 고용한 것이다. 웃음 관객이 웃음을 유도함으로써 사람들은 웃을 시기를 알아챌 수 있었고 남들이 웃을 때 따라 웃으며 더욱 즐거워할 수 있었다.

웃음의 전염성은 다양한 실험을 통해 증명되어 왔는데 프로바인은 사람들이 혼자 있을 때보다 다른 사람과 함께 있을 때 30번 정도 더 많이 웃는다는 것을 발견했다. 심리학자 벌린 힌츠와 주디스 톰해브는 사람들로 북적이는 쇼핑센터에서 웃음의 전염성에 관한 실험을 해 보았다. 쇼핑센터에서 실험자는 임의로 한 사람을 선택해 웃음을 지어 보였다. 그리고 그에 대해 얼마나 많은 사람들이 웃음으로 답하는지를 관찰해 본 결과 절반가량의 사람이 실험자의 웃음에 웃음으로 반응하였다.

크라우트와 존스턴은 혼자일 때와 다른 사람과 함께 있을 때의 웃음의 양을 비교해 보았다. 그들은 볼링장에서 2,000명의 사람들을 관찰했는데 단지 4퍼센트만이 혼자 있을 때 웃었고 친구들과 시선이 마주쳤을 때는 42퍼센트가 웃음을 지었다. 이러한 결과는 단순히 혼자 행복해서 웃을 때도 있지만 대부분의 웃음은 자신의 행복을 다른 사람들에게 알리거나 다른 사람들과 나누기 위한 것임을 보여 준다.

사실 인간의 행동에는 전염성이 있는 것들이 많다. 웃음뿐만 아니라 눈물, 그리고 표정이나 행동, 목소리, 자세, 태도 등 어느 순간 무의식적으로 다른 사람을 따라하고 있는 자신을 발견하게 되는 일은 적지 않다. 샤트란과 바르는 이러한 현상을 "카멜레온 효과"라고 일컬었다. 심리학자들에 따르면 인간은 상대방의 행동을 인지한다는 사실만으로 상대방과 같은 행동을 할 가능성이 자동적으로 높아진다고 한다. 단순히 상대방을 인식하는 것만으로도 우리가 상대방을 모방한다는 것은 생각해 보면 놀라운 사실이다. 우리는 특별한 이유 없이 남들을 따라하고 있는 것이다. 이러한 현상은 유행이나 패션, 흥행을 추동하는 기본적인 힘이라고 볼 수 있다.[30]

---

30) 유행이나 패션은 진화론적으로 사람들의 '모방' 본능을 일깨운다. 다른 많은 이들의 생각과 태도, 행위, 외양을 따라하는 것은 실제 삶에 유용함을 제공하기도 하고 단지 다른 이들과 유사하다는 안도감, 혹은 다른 이들에게 뒤처지거나 배제되었다는 불안감을 제거해 준다.

물론 모방 행위는 상대방에 대한 호감과 밀접한 관련을 맺는 경우가 많다. 한 실험에서는 실험자들에게 피험자와 대화를 나누는 동안 그들의 다양한 행동을 따라하게 했다. 그 결과 자신의 행동을 따라한 실험자와 함께 있었던 학생들실험군은 그렇지 않은 실험자와 함께 있었던 학생들대조군보다 상대방을 더 친절하고 상냥하다고 평가했으며 더욱 유쾌한 대화를 나누었다고 생각했다. 이는 모방이 상대방에게 긍정적인 영향을 미칠 수 있음을 의미한다. 모방은 호감의 표시이거나 호감의 유도제이다. 남녀의 만남에서도 상대방의 행동이나 자세, 표정을 따라하면 상대방이 더욱 호감을 느끼게 할 수 있으며, 상대방이 자신을 따라하고 있다면 그 혹은 그녀가 자신에게 관심이나 호감을 갖고 있다고 판단해도 크게 틀리지 않는다. 특히 이러한 행동이 무의식적으로 이루어질 경우 우리는 의식적 판단에 앞서 이미 상대방에 대한 선호의 감정을 자동적으로 결정해 놓았다고 할 수 있다.

　또 다른 실험에서는 상대방의 입장에서 생각하고 타인의 감정을 느낄 수 있는 공감 능력이 뛰어난 사람들이 훨씬 더 큰 '카멜레온 효과'를 보인다는 것을 밝혔다. 더 깊이 공감할 줄 아는 사람일수록 더 많이 모방한다는 것이다. 이러한 결과는 평생을 함께한 부부가 서로 닮아 간다는 어르신들의 말씀이 그냥 하시는 말씀이 아니라 경험에서 우러나온 오래된 지혜임을 보여 준다. 오랜 시간에 걸쳐 서로에게 익숙해진 부부는 서로에 대해 가장 잘 알게 되고 상대방의 작은 감정 변화에도 민감해진다. 그 결과 공감의 깊이가 깊어진 부부는 상대방의 표정과 몸짓을 자신도 모르게 따라하게 되고, 평생에 걸친 동일한 근육 운동은 서로의 표정과 자세 등을 유사한 방향으로 수렴시킬 것이다. 결국 공감이 깊은 부부는 닮게 되는 것이다.

부부뿐만 아니라 연인이나 친구도 오래도록 함께하다 보면 서로를 닮아 간다는 느낌을 받게 된다. 마찬가지로 서로에 대한 모방 작용이 일어나는 것이다. 이는 유사성에 이끌려 친해지는 경우가 아닌 서로 모이다 보니 유사해지는 경우를 설명해 준다. 끼리끼리 모인다는 말이 있지만 반대로 자주 모이다 보니 '끼리끼리'가 되는 것이다.

모방과 호감도의 상관관계는 웃음과 모방, 호감도라는 세 가지 현상이 밀접하게 연결되어 있음을 보여 준다. 진화적 기원에서 '안전한 우리'라는 의식을 기반으로 하고 있었던 웃음은 이제 그 의미 영역을 확장하여 친함, 좋아함, 친절함, 유쾌함 등의 의미까지 포함하게 되었다. 그리고 이러한 감정은 서로의 행동, 특히 웃음을 모방하는 행위로 강화된다.

😊 모방과 거울 뉴런

모방은 인간은 물론 동물계에서도 무척 중요한 현상이다. 모방을 통해 인간은 서로에 대한 친밀감을 교류하고 나아가 문화를 학습하여 문명을 유지, 발전시킬 수 있는 능력을 갖게 되었다. 동물들도 인간만큼은 아니지만 간단한 모방을 통해 부모나 동료의 행동을 학습할 수 있음이 알려졌다. 그렇다면 모방을 가능케 하는 신경학적 메커니즘은 무엇일까? 이미 20여 년 전 뇌과학자들은 모방을 담당하는 신경세포를 발견했다. 1991년 이탈리아 파르마 대학교의 리졸라티 교수 연구팀은 원숭이가 다른 원숭이의 동작을 관찰할 때 활성화되는 특별한 뇌세포가 있음을 보고하였다. 그들은 이 세포를 "거울 뉴런", "거울 신경세포" 혹은 "본 대로 따라하기 monkey-see-monkey-do 뉴런"이라고 불렀다.

연구팀은 원숭이의 어떤 운동 신경세포들이 먹이를 움켜쥐는 사람을 볼 때 반응한다는 것을 관찰했다. 그때까지 운동 신경은 직접 행동을 할 때에만 발화하는 것으로 알려져 있었다. 처음에는 우연의 일치로, 즉 우연히도 사람이 먹이를 움켜쥐는 그 순간에 원숭이가 움직인 것이라고 생각했다. 그러나 원숭이들은 전혀 움직이지 않았고, 먹이를 건네 녀석들이 직접 움켜쥐게 하면 동일한 신경세포가 점화되었다. 리졸라티 연구팀은 어떤 행동과 그 행동의 상상에 동일하게 반응하는 뇌세포 부위를 발견한 것이다. 그리하여 지각과 운동 신경 제어를 똑같이 반영하는 세포의 능력을 일컫기 위해 '거울 신경세포'라고 이름 붙였다.

거울 뉴런은 마치 거울에 비친 것처럼 다른 사람의 행동을 따라하게 만드는 신경세포이다. 우리는 누군가가 맛있는 음식을 먹고 있는 것을 보면 그 음식이 먹고 싶어진다. 얼굴 표정을 찍은 사진들을 보여주면 자신도 모르게 사진 속의 표정을 따라 짓는다. 그 표정을 의식하지 못한 상태에서도 얼굴 근육은 이미 흉내 내고 있는 것이다. 특히 어머니는 아기의 얼굴을 바라보며 아기가 웃으면 함께 웃고 아기가 고통에 찡그리면 함께 찡그린다. 모방 행동은 감정 이입과 공감의 정도가 높을수록 더욱 강해지는데 어머니와 아기 간의 감정 이입과 공감만큼 강한 것도 없을 것이다.

함께 모여서 웃고 떠드는 경우 모여 있는 사람들의 친밀도가 클수록 웃음소리는 커진다. 공감과 친근감은 서로의 웃음을 자동적으로 모방하게 하여 재미있는 유머가 아닐 경우에도 웃게 만든다. 어떻게 보면 유머는 오히려 양념과 같고 함께 있는 것 자체가 즐거워 웃는 경우도 많다. 전국 각지에서 모여든 각양각색의 관객들을 웃기기 위해서는 「개그 콘서트」처럼 전문가들이 심혈을 기울여 준비한 공연이 있어야겠지만 같은 반 친구들이나 동창들, 직장 동료들이 모여 있으면 서툰 농담, 작은 몸짓 하나에도 큰 웃음이 넘쳐흐른다. 유머의 내용도 중요하지만 관객의 연령, 직업, 지역, 개인적·사회적 관계 등 동질감도 그만큼 중요한 요소이다.

거울 뉴런은 상대의 행위를 보고 현재 무엇을 하고 있는지 해석하고 그에 따라 반응한다. 행위의 주체는 자신이든 타인이든 상관없다. 우리는 사회적 동물이기 때문에 주변 존재들과 연결되어 있고 서로 공명할 수 있게 설계되어 있다. 흉내 내기와 공감은 언어나 의식 없이도 가능하기 때문에 동물들에서도 존재한다. 웃음과 즐거움의 전염에서부터 온 방의 아기가 함께 울어 대는 현상에 이르기까지 감정은 그것과 일치하는 감정을 촉발하는 경향이 있다.

존 란제타는 사람들이 자신과 유사한 생리학적 활성화 패턴을 가진 촉각, 미각, 통증, 기쁨, 흥분의 감각에 반응하는 경향이 있음을 보여 주었다. 사람들은 타인의 감정 상태를 자신의 것인 양, 혹은 자신의 감정 상태와 유사한 타인의 감정에 반응하는 것이다. 타인의 감정에 반응하는 이러한 경향은 타고나는 것이다. 감정의 동조, 전염, 공명 현상은 서로가 서로에게 반응하여 움직이게 함으로써 하나가 되게 해준다. 신경생리학과 뇌 영상은 거울 뉴런이 행위의 모방뿐만 아니라 행위의 이해를 돕는 기능을 한다는 사실을 밝혔다. 인간의 거울 뉴런 체계는 모방을 통해 사회적 행위를 학습하는 토대가 된다.

나아가 거울 뉴런 체계가 언어의 진화론적 선구자일 수 있다는 주장도 있다. 의미의 추상적 표현인 언어를 이해하기 위해서는 타인의 동작을 이해하는 것부터 시작해야 하기 때문이다. 언어와 동작은 밀접한 관련이 있다. 수화는 몸짓이므로 우뇌에서 담당한다고 생각하기 쉽지만 실은 좌뇌의 언어 회로에서 통제한다. 세상에는 오른손잡이들이 훨씬 많은데 오른손은 좌뇌에 연결되어 있고 좌뇌에서 주로 언어를 담당하고 있음을 우리는 알고 있다. 상대의 행위를 모방하고 이해하는 능력이 언어 발달의 토대일 가능성이 있다.

라마찬드란은 인식 불능증 환자 신체의 마비를 인식하지 못하는 환자들이 타인의 마비 상태까지 부인하는 경우를 거울 뉴런의 손상으로 설명하였다. 타인의 움직임에 대한 판단을 내리려 할 때에는 뇌에서 대응하는 움직임을 마치 가상현실로 모의하듯이 그려 보아야 하는데, 거울 뉴런 없이는 그것이 불가능하기 때문이다.

우리의 뇌는 자신의 경험뿐만이 아니라 타인의 경험까지도 느낄 수 있도록 만들어졌다. 말 그대로 우리는 직접 느낄 수 있다. 열 길 물속은 알아도 한 길 사람 속은 모른다고 하지만 사고의 영역은 차치하고

라도 감정의 영역은 텔레파시처럼 연결되어 있는 것이다. 상대방의 고통스러운 상황을 상상하여 그의 고통을 느껴 보려고 의식적으로 노력하지 않아도 그러한 장면을 보는 우리는 거울 뉴런의 작용으로 동일한 감정을 일부라도 느낄 수 있다. 이는 비단 인간에서만 발견되는 것이 아니다. 감정의 모방은 많은 포유류들, 특히 인간과 같은 사회적 동물들에게서 공통적으로 발견되는 기능이자 능력이다.

감정의 모방, 전염성, 공감, 동일시 능력은 오늘날 영상 매체의 소비에서 매우 중요한 역할을 한다. 어찌 보면 현대 사회의 수많은 텔레비전 프로그램들은 거울 뉴런 덕분에 번성가도를 달리고 있는지도 모른다. 드라마 속 주인공이 실연의 아픔으로 눈물지으면 우리도 따라 울고 축구 중계를 보다 슛을 날리는 장면에서는 함께 발길질을 해 대며 코미디언이 날리는 유행어를 은근슬쩍 따라 해 보기도 한다. 텔레비전을 보며 등장인물의 감정에 몰입해 동일한 감정을 느끼고 그 사람의 심정을 헤아릴 수 있는 우리의 능력은 오늘도 우리를 텔레비전 앞으로 모이게 하는 힘이다.

텔레비전의 오락 프로그램들은 대부분 녹화 현장에 있는 방청객들의 웃음소리를 함께 녹음하거나 녹화 후 가완성된 편집 테이프를 녹음실에서 틀어 놓고 웃음을 덧입히는 작업을 거친다. 양자 모두 웃음을 조절하는 지휘자가 있는 경우가 많다. 집에서 우리가 시청할 때에는 이렇게 방청객의 웃음소리가 입혀진 프로그램을 보게 되고 은연중에 그 영향을 받는다. 방송 내용이 재미있어서 웃기도 하지만, 누군가 다른 사람이 웃기 때문에 따라 웃기도 하는 것이다. 내가 재미있어 하는 부분에서 다른 사람이 웃는 것을 확인함으로써 '역시 재미있는 것이군.'이라는 확신을 받기도 한다.

함께 있는 사람들의 표정과 행동을 무의식적으로 따라한다는 것은 집단의 생존과 응집력, 성원 간의 유대 관계에 중요한 역할을 한다. 타인을 따라함으로써 그들의 감정을 느낄 수 있고 그들의 감정에 동참할 수 있으며 더욱 원활한 의사소통이 가능해진다. 우리는 함께 웃으면서 공통의 경험이라는 세계에 발을 들여놓게 된다. 특히 사랑하는 사람들과 함께 있을 때는 더욱 그렇다. "행복과 웃음은 함께할수록 더 커진다."는 말은 문자 그대로 사실인 것이다.

우리는 웃음이 웃음을 낳는다는 것을 확인하였다. 그런데 웃음은 수익성까지 높여 주는 것으로 나타났다. 한 실험에서 여행사에 방문한 실험 참가자들은 미소를 짓는 직원과 무표정한 직원, 뾰로통한 직원과 각각 상담을 했는데 미소를 짓는 직원과 상담한 사람들은 영업 차원에서 전반적으로 더 긍정적인 반응을 보였고 나중에 단골이 될 가능성도 더 높았다. 듀크 대학교의 다카시 스기우라와 로베르토 카베자는 fMRI_{Functional Magnetic Resonance Imaging, 기능성 자기 공명 영상} 연구를 통해 미소가 이름을 기억하게 하는 데 도움이 된다는 사실을 밝히기도 했다. 실험에 참가한 사람들은 미소를 짓지 않는 사람보다 미소를 짓는 사람들의 이름을 더 잘 기억했으며, 이는 차후 다른 이들과 상호작용할 때를 대비하여 긍정적이고 사교적인 신호에 민감하게 반응, 자신에게 친절한 사람을 기억하고자 하기 때문이다.

그렇다면 과연 웃음을 주고받는 당사자가 아닌 제삼자에게도 웃음은 긍정적 영향을 미칠 수 있을까? 다시 말하면 웃음이 이 세상을 조금 더 행복하게 만들 수 있을까? 솔로몬과 그의 동료들은 1981년 웃음이 타인의 행동에 미치는 영향에 관한 실험을 하였다. 한 여성이 실험 대상자에게 미소를 지어 주느냐 혹은 무표정하게 대응하느냐에 따라서 피험자가 나중에 길을 묻는 사람을 만났을 때 어떻게 반응하는지를 실험해 본 것이다. 그 결과 미소를 지었던 경우 70퍼센트가 길을 알려 주었고 미소를 짓지 않은 경우 35퍼센트만이 길을 알려 주었다. 심지어는 상업의 세계에서도, 또한 자신이 무엇을 보았는지 알아차리지 못한 상황에서도 웃음은 강한 힘을 발휘하였다. 인물의 감정 상태를 파악하기 어려운 매우 짧은 시간인 16밀리초 동안 웃는 얼굴을 사진으로 보여 준 맥주 집 실험에서 사람들은 찡그린 얼굴보다 미소 띤 얼굴을 보았을 때 더 많은 맥주를 마셨고 술값도 두 배 더 지불하고자 하였다.

이렇듯 웃음은 웃고 있는 당사자나 그 웃음을 본 주위 사람, 더 나아가 직접적으로 그러한 상황에 관련이 없는 제삼자에게까지 긍정적 영향을 미친다. 웃는 데 쓰이는 몇 가지 근육에 들어가는 소량의 에너지로 그렇게 많은 이들이 행복해질 수 있다는 결과는 매우 고무적이다. 이는 비단 나와 같은 코미디언들뿐만 아니라 우리의 일상에서 웃음을 퍼뜨리는 재주꾼들을 비롯해, 그저 함께 있는 것만으로도 웃음 짓게 만드는 동료들과 친구들의 소중함을 일깨워 준다. 맛있는 음식을 함께 먹는 것, 누군가에게 도움을 주는 것, 아름다움을 감상하는 것 등등 세상을 행복하게 만들 수 있는 방법은 생각보다 많고 또 어렵지 않다. 물론 누구나 알고는 있지만 대개 인간이라는 존재는 반복된 자극이 있어야 행동에 박차를 가하는 경향이 있다. 깨달음이 왔다가도 시간이 지나면 또 흐지부지해지는 것이다. 그러므로 많이 들어 봤을 이야기를 한번 더 반복하겠다. 오늘부터 다시, 세상에 행복을 더할 수 있는 작은 방법들을 실천해 보는 것이 어떨까? 웃음이야말로 별 밑천 없이 세상을 행복하게 만들 수 있는 가장 쉽고 빠르면서 효과적인 방법이 아닐까 한다.

😄 웃음의 종류

우리는 다양하게 웃는다. 호탕한 웃음, 수줍은 웃음, 속으로 웃는 웃음, 입을 가리고 웃는 웃음, 가짜 웃음, 비웃음, 헛웃음, 쓴웃음, 냉소적 웃음, 허무한 웃음, 피시식 웃는 웃음, 툭 터져 나오는 웃음, 어처구니없는 웃음, 우는 듯 웃는 웃음, 웃으며 우는 웃음 등등등. 그렇다면 사람들이 가장 좋아하는 웃음은 어떤 웃음일까? 물론 문화와 상황, 연령과 성 등 다양한 변수에 따라 조금씩 차이를 보일 수 있겠지만, 지금까지 고찰한 바로는 웃음은 인류의 보편적 본능이므로 그 모든 것을 가로지르는 기분 좋은 웃음의 대표 격이 있을 것이다.

웃음은 지문과도 같다. 웃음의 유형은 매우 다양하며 사람마다 자신만의 독특한 웃음소리와 표정이 있다. 조안 바초로프스키와 미셸 오렌에 의하면 사람들이 가장 높이 평가하는 웃음은 '목젖이 드러나도록 웃는 웃음'인 것으로 밝혀졌다. 다시 말해서 속으로 삼키거나, 큭큭 대거나, 입을 가리거나, 삼가는 웃음들보다는 거리낌 없이 시원하고 분명하게 밖으로 표출하는 웃음을 더 좋아한다는 것이다. 그러고 보면 목을 뒤로 젖히고 잇몸과 입속이 다 드러나도록 '하하하' 웃는 웃음이야말로 속 시원한 웃음다운 웃음이 아닐까 싶다.

그런데 이렇게 앞뒤 가리지 않고 잘 웃는 사람이라는 인상을 주면 상대가 나를 혹시 생각이 없다거나 만만하다거나 속없는 사람으로 여기지 않을까 하는 염려가 들 수도 있다. 그러나 이에 대해 과학자들은 이렇게 말한다. 그런 걱정을 할 시간에 차라리 한번 더 웃으라고. 라우의 1982년 실험에서는 사람들이 미소 짓고 있는 사람들을 그렇지 않은 사람들에 비해 더 상냥하고 지성적이라 생각하는 것으로 밝혀졌다. 바초로프스키와 오렌은 솔직하고 시원하게 웃는 사람들을 더 섹시하게 느낀다는 것을, 버크는 미소 짓고 있는 사람을 더 잘생겼다고 생각한다는 사실을 실험으로 확인했다.

가끔 조금 더 진지하고 지적으로 보이기 위해 무표정한 얼굴을 하고 있거나 아예 인상을 찌푸리고 있는 남자들을 볼 수 있다. 여성들은 타고난 외모를 더 돋보이게 하기 위해 성형, 마사지, 피부 관리, 옷, 머리 모양, 화장술 등에 의존한다. 그러나 매력적으로 보이기 위한 가장 안전하고 손쉬우며 경제적인 방법은 웃는 것이다. 좀 더 섹시하고 지적이고 잘생겨 보이고 싶은 여성의 경우 예뻐 보이고 싶은 사람은 일단 한번 웃어 보자. 과학자들의 검증을 거친 결론이니 믿어 보시라. 행동경제학에서 지적하듯이 우리는 가끔 쉽고 확실한 방법이 있어도 비싸고 어려운 방법을 찾고 원하는 것 같다.『오즈의 마법사』와『파랑새』의 교훈을 잊지 말자. 정답은 가까운 곳에 있다. 이주일 선배님처럼 권해 보고 싶다. "일단 한번 웃어 보시라니까요!"

　굳이 비싼 돈을 지불하고서라도 고급 레스토랑이나 백화점에 가는 이유는 양질의 먹을거리, 우수한 상품을 찾기 위한 것도 있겠지만, 고객으로서 만족스러운 서비스를 받고 싶어서이기도 하다. 나를 존중하고 대접하는 듯한 점원들의 친절한 미소는 손님을 기분 좋게 만든다. 물론 가끔은 상품의 가격에 미소의 대가가 포함되어 있다는 생각이 들어 마음이 불편하기도 하다. 어느덧 우리는 미소에도 가격을 지불해야 하는 세상을 살고 있다는 사실이 실감 나는 것이다. 가끔 텔레비전을 통해 이른바 욕쟁이 할머니 식당이 여전히 문전성시를 이루는 것을 볼 수 있다. 맛도 맛이지만 그 옛날 우리 할머니들의 거칠고 투박하지만 진심이 담긴 마음이 그리워서일 것이다. 그러고 보면 우리가 사람들에게 진정 원하는 것은 단순한 욕설이나 웃음이 아닌 진심이 아닌가 싶다. 물론 영악한 자본주의는 이 같은 우리 마음을 이용해 지옥 훈련을 거쳐 욕을 제대로 구사할 줄 아는 할머니들을 발 빠르게 양산하여 소비자들을 유혹하게 할지도 모르지만 말이다.

😐 웃음과 사회적 감정

　웃음은 사회적 감정으로 타인과의 관계를 전제로 한다. 늦은 밤 텔레비전을 보며 혼자 웃기도 하지만 원래의 웃음은 상대방을 필요로 했다. 즉, 웃음의 주요 기능은 타인과의 교류를 부드럽게, 그리고 즐겁게 해 주는 것이다. 구성원들이 사회생활을 더욱 원활하게 할 수 있도록 기름칠을 해 주는 것과 같다. 그렇다면 다양한 사회적 감정과 타인들과의 원만한 관계를 위한 도덕들은 어떻게 출현하게 된 것일까? 어떠한 원리에 의해 그러한 감정이 탄생하게 되었을까?

사회적 감정의 탄생

로버트 트리버스는 비혈연 간의 이타성을 설명하면서 호혜주의라는 용어를 사용하였다. 혈연관계가 아닌 사람들끼리 서로 협력하고 호의를 베풀며 공동체 생활을 해 나갈 수 있는 심리적 근원에는 서로 간의 믿음에 기반한 호혜성이 있다는 것이다. 이는 개체에 대한 인식 능력과 기억 능력을 전제로 한다. 상대를 알아보고 후에 그를 기억하여 은혜에 보답할 수 있어야 하기 때문이다. 이러한 호혜성은 결국 인간의 도덕관념에 큰 영향을 미치게 되었으며 다양한 도덕적, 사회적 감정이 발생할 수 있는 터전이 되었다.

비혈연 간 이타주의의 성장은 게임 이론의 모습을 띠고 있다. 털 고르기를 하는 원숭이 무리를 예로 들어 보자. 원숭이들은 서로의 몸에 붙어 있는 진드기나 이물질을 없애 주고 그 결과로 청결해져서 병에 덜 걸리게 된다. 이러한 행동은 결국 털 고르기를 한 원숭이 모두에게 이익이 되고 그 집단은 번성하게 된다.

그런데 자연 상태에서는 유전적 돌연변이가 일어나 생태학적 틈새를 파고드는 별종이 생기기도 한다. 모든 원숭이가 서로의 몸을 깨끗하게 해 주는 이타적인 원숭이 집단에서 다른 개체에게 털 고르기를 선사하지 않는 얌체 원숭이_{사기꾼 원숭이}가 등장했다고 생각해 보자. 이 녀석은 자신의 몸은 다른 원숭이의 도움으로 청결해지고 다른 원숭이에게 털 고르기를 해 줄 시간을 아껴 먹이를 찾거나 짝짓기를 하거나 아니면 빈둥거리며 휴식을 취해 에너지를 절약하는 등 이중의 이득을 얻을 수 있다. 얌체 원숭이를 청소해 준 착한 원숭이만 털 고르기도 못 받고 시간과 에너지를 낭비해 손해를 보게 되는 것이다.

자, 이제 몇 세대가 흘렀다. 사기꾼 원숭이의 유전자를 물려받은 녀석들은 그 집단에서 번성하게 될 것이다. 그러나 이런 식으로 사기꾼이 증가하면 집단은 결국 붕괴되는 시점에 이르게 된다. 청소를 받기만 하고 해 주지는 않는 원숭이만 남는다면 결국 진드기들이 넘쳐 나는 세상이 될 것이고 모든 구성원이 피해를 입을 것이기 때문이다. 그렇다면 원숭이 집단은 멸망할 운명일 수밖에 없는 것일까? 그렇지 않다. 인과응보 전략으로 무장한 원숭이가 등장한다면 상황은 달라질 수 있다.

호의에는 호의로, 배신에는 배신으로 대응하는_{정식 명칭은 tit-for-tat 전략으로 '눈에는 눈, 이에는 이 전략'이라고도 할 수 있다.} 원숭이는 일단 처음 대하는 모든 원숭이들에게 털 고르기를 해 주되 후에 사기꾼으로 밝혀지는 녀석이 있으면 그 녀석에게는 다시는 털 고르기를 제공해 주지 않음으로써 집단에서 퇴출시켜 버린다. 정치학자 로버트 액설로드는 컴퓨터 프로그램에 다양한 전략들을 입력하여 이러한 상황을 시뮬레

이선해 보았는데 그중 결국 가장 높은 점수를 얻어 낸 전략은 인과응보 전략이었다. 이처럼 정의로운 원숭이가 번성하는 집단에서는 남들에게 선의를 베푸는 개체도 생존이 가능하며 사기꾼도 소수 존재하게 된다.

트리버스는 도덕적 감정들이 이러한 호혜적 이타주의를 원활하게 하기 위해 탄생했다고 설명한다. 호혜적 이타주의를 촉진하기 위한 감정들이 진화하여 상대의 감정 상태를 짐작하고 자신과의 호혜적 관계에 대해 판단하고, 느끼며, 행동하게 한다는 것이다. 도덕적 감정들은 이타적 관계를 추동하고 유지하며 서로가 서로에게 반응하게 한다.

그렇다면 도덕적 감정들이 호혜주의에서 어떻게 발생하며 어떠한 기능을 하는지 살펴보자. 먼저 좋아함이라는 감정은 이타적 관계를 시작하고 유지하는 감정이다. 누군가에 대한 좋은 감정은 호의를 베풀게 한다. 감사라는 감정은 호의에 보답하려는 욕구를 느끼게 한다. 좋아함과 감사는 이타적 행동이 상호 교환되고 유지되게 하는 감정이다. 동정은 어려움에 빠진 자를 돕고자 하는 욕구이다. 도움이 필요한 상대에게 느끼는 감정으로 호의를 베풀게 하며 이는 결국 상대방의 감사로 이어진다. 동정은 감사를 벌기 위한 감정이라고 할 수 있는데 자신이 위기에 빠졌을 때 호의에 대한 보상으로 도움을 받을 수 있게 된다.

노여움은 친절함의 대가로 사기를 당하는 경우 발생하며 착취 행위에 대해 분노와 고통을 느끼고 공격, 관계 단절, 징벌의 욕구로 이어진다. 죄의식은 자신의 얌체 행각이 발각될 위험에 처하게 된 사기꾼이 느끼는 감정으로 상대방과의 관계 단절을 막기 위한 것이다. 이기적인 행위는 자칫하면 사회적으로 불리한 결과를 가져올 수 있기 때문에 죄의식을 통해 새로운 사회적 관계 형성을 시도할 수 있다. 노여움과 죄의식은 누군가 공정한 게임의 규칙을 위반할 경우 발생하는 감정으로 게임의 원활한 재진행을 돕는다. 수치는 죄의식과 유사하나 범죄가 발각된 후에 느끼는 뉘우침의 감정이다. 이는 얌체 행각이 반복되지 않게 한다.

도덕 감정의 역할

경제학자 로버트 프랭크는 도덕 감정은 비합리적인 감정에 의존해 기회주의적 행동을 억압함으로써 개체에게 더 많은 이익을 얻게 해 준다고 설명하였다. 인간의 이타주의는 도덕 감정에 의해 가능해졌으며 그 결과 비이기적이고 호의적인 행동은 우리에게 사회적 협동을 통한 더 큰 보상을 제공한다는 것이다. 이는 이기적 유전자에서 어떻게 이타적 행위의 출현이 가능한지를 보여 준다. 유전자의 궁극적인 목적은 자기복제지만 그 결과는 유전자를 담지하고 있는 개체들의 협동으로 이어질 수 있는 것이다. 많은 이들이 이기적 유전자라는 비유에 대해 분노하는 것은 이기적인 유전자가 곧 이기적인 인간을 지칭한다고 생각하기 때문이다. 그러나 이기적인 유전자에서 이타적인 인간의 출현은 가능하며, 실제로 우리는 그렇게 진화해 왔다.

나아가 트리버스는 인류 생존에 타인과의 상호 작용이 중요하다는 것을 인식하고 서로의 속셈을 파악하기 위한 인지적 무한 경쟁이 벌어지면서 인간 뇌의 확대로 이어졌다고 제안했다. 상대방의 내면을 짐작하게 하는 감정이 중요해질수록 거짓 감정을 꾸며 내는 개체가 생겨나게 되고 인류는 다시 그러한 거짓 감정을 판별해 내는 새로운 능력을 발달시켰다. 이러한 '거짓 감정 꾸미기'와 '진실한 감정 탐지기'의 순환적 진화가 현재 인류가 느끼고 표현하는 다양한 감정의 역사이며, 그러한 과정에서 우리의 두뇌가 발달하였다는 것이다.

사람들과 상호 작용할 때 우리 뇌는 혼자일 때와는 다른 부위를 작동시킨다. 뇌는 사람들이 웃고 떠들 때 통제권을 의식적 행동의 기초인 계산 체계_{대뇌피질의 이성적 판단}로부터 신체의 심리 공장을 돌리는 저차원의 동력 체계_{감정을 다루는 변연계}로 이전시킨다. 어색한 상황에서 낯이 붉어지는 것은 거의 불수의적인 반응으로 인간의 머릿속에서 돌아가는 계산을 숨김없이 폭로해 버린다. 거짓말은 생리적 현상을 일으켜 거짓말 탐지기를 반응하게 한다. 웃음을 포함한 감정들은 어떤 심리 상태가 거짓으로 꾸며 낸 것이 아니라 진심이라는 것을 청중에게 확신시키기 위해 진화했다. 노여움, 동정, 수치, 두려움 등과 마찬가지로 웃음 역시 그것이 진심에서 우러나온 순수한 감정 상태임을 표현하기 위해 인간의 뇌와 신체가 적응적으로 진화해 온 결과인 것이다.

우리는 그 사람이 어느 시대, 어느 지역에서 온 사람이건 표정을 보고 감정을 인식할 수 있다. 즉, 감정은 인간이라는 종에게 보편적 형질이다. 인간의 감정은 사회 속에서 서로에 대한 신뢰가 유지될 수 있게 해 준다. 특정 감정을 표현하는 사람을 보고 우리는 그들의 마음 상태를 짐작할 수 있는 것이다.

웃음을 포함한 노여움, 두려움, 슬픔은 임의로 통제되지 않는 근육에서 실행되기 때문에 표정들을 흉내 내어 연기할 수는 있지만 똑같이 지어 내긴 어렵다. 소수의 위대한 배우들은 관객들에게 현실감을 주기 위하여 꾸준한 연습을 통해 불수의근까지 어느 정도 통제 가능한 경지에 도달하기도 한다. 하지만 대부분의 경우에는 스타니슬라프스키의 메소드 연기법과 같은 공인된 방법을 통해 연기 연습을 한다. 배우들은 대본에 주어진 경험을 기억하거나 그와 유사한 상황을 상상함으로써 그에 걸맞은 감정을 불러일으키고, 그 결과 그 감정과 연결되어 있는 근육들을 반응토록 하여 자연스러운 표정을 짓게 되는 것이다.

최초의 웃음이었던 안전의 확인은 이제 그 역을 가능하게 하였다. 우리는 웃음을 통해 함께하는 사람들을 안심시킨다. 처음 만난 사람이 짓는 미소는 '나는 당신을 신뢰합니다' 혹은 '당신이 나를 신뢰하기를 바랍니다'라는 뜻을 담고 있다. 그리고 얼굴 표정과 소리는 그 감정이 거짓이 아니라 진심임을 보장해 준다. 웃음은 그 사람의 유쾌한 마음 상태가 진심이고 함께하는 사람들을 적이 아닌 친구나 동료로 느끼고 있음을 알려 준다.

게다가 우리는 진화적 군비 경쟁에 의해 거짓 웃음을 파악하는 능력까지 갖게 되었다. 그러므로 진심에서 우러난 미소만이 우리의 마음을 움직일 수 있다. 수많은 처세술이 있지만 진심만큼 강한 힘을 가진 것은 없다. 프랭크는 생면부지의 사람들을 30분 동안 같은 방에 머물게 한 뒤 서로 돌아가면서 누가 속임수를 쓸 것인지 혹은 협력자가 될 것인지를 알아맞히는 실험을 했는데 대부분이 훌륭하게 해냈다고 한

다. 인간의 감정과 표정은 그 사람의 내면을 엿볼 수 있게 자연이 고안해 준 일종의 표지판 역할을 하고 있다. 웃음이 표정으로 드러나고 시끄러운 것은 자신의 감정이 진심임을 다른 사람에게 알리기 위함이다. 웃음은 '나는 즐겁고 행복하다'라는 내면의 신호이자 지금 함께하고 있는 우리는 친구이고 동료라는 사회적 신호인 것이다. 웃음이 진심이라면 그곳에 적이 있을 자리는 없다.

진짜 웃음, 가짜 웃음

"웃는 얼굴에 침 못 뱉는다."는 말이 있다. 실제로 우리는 웃는 얼굴을 좋아하고 웃는 얼굴에 약하다. 그러나 가끔 웃는 얼굴을 보았는데도 왠지 기분이 찜찜해지는 경우가 있다. 그 웃음이 어딘가 어색하거나 가식적으로 느껴지는 탓이다. 가식적인 미소나 아부하는 듯한 웃음은 오히려 불쾌감을 유발하기도 한다.

이따금 고급 백화점의 주차장에서 밝은 미소로 주차권을 끊어 주는 여직원을 보거나 비행기에서 승객들에게 친절한 미소를 보이는 스튜어디스들을 보면서 마음이 불편할 때가 있다. 그들의 웃음이 억지 웃음이거나 가식적이어서가 아니라 힘든 상황에서도 늘 웃어야만 하는 그녀들의 모습이 안타깝게 느껴져서이다. 웃겨야 사는 내 직업과 웃어야 사는 그녀들의 직업에 어딘가 공통점이 있는 것 같아 드는 마음일 수도 있다.

모두가 알다시피 웃음에는 진짜 웃음과 가짜 웃음이 있다. 진짜 웃음은 "뒤센 미소"라 불리고 가짜 웃음은 "팬아메리카나 미소"라 불린다. 뒤센 미소는 18~19세기 프랑스의 심리학자이자 신경생리학자인 기욤 뒤센이 얼굴이 마비된 실험 참가자의 얼굴에다 전기적 자극을 가했을 때 만들어지는 얼굴 표정을 진짜 웃음과 비교한 결과로 발견 했다. 어린 시절 개구리를 해부해 본 적 있는 사람들은 기억할 것이다. 마취되어 있는 개구리의 다리에 전기적 혹은 물리적 자극을 가하면 다리가 움직인다는 것을. 이러한 원리를 이용하여 뒤센은 얼굴에 전기 자극을 가하여 가짜 웃음을 만들어 내고 이를 실험 참가자의 진짜 웃음과 비교하였다. 진짜 웃음은 농담을 통해 유도해 내었다.

그 결과 전기 자극으로 인한 인공적인 웃음은 광대뼈 쪽의 협골주근_{입 가장자리에 있는 근육}이 입술꼬리를 위로 끌어올렸다. 그러나 농담으로 인한 진짜 웃음은 입가뿐만이 아닌 눈 주위의 안륜근이 작용하여 눈썹은 아래로, 뺨은 위로 잡아당겨 눈 주위에 주름을 만들어 냈다. 이러한 눈주름은 무의식적으로 접히므로 가짜 웃음에서는 좀처럼 만들어지지 않는다. 즉, 진짜 웃음은 협골주근과 안륜근이 함께 작용하여 입꼬리는 올라가게 하고 눈가에는 주름이 잡히게 하는 반면, 가짜 웃음_{팬아메리카나 미소}은 입 주위의 근육만을 사용하여 입꼬리를 올릴 뿐이다. 뒤센 미소의 대표적 예로는 아기가 엄마를 볼 때 짓는 미소를 떠올릴 수 있으며, 가짜 웃음의 경우 하위 영장류에서는 기분이 좋을 때가 아니라 놀랐을 때 나타나는 표정이기도 하다.

팬아메리카나 항공사로서는 억울하겠지만 그 이름은 가짜 웃음의 대명사가 되어 버렸다. 항공기 승무원이 짓는 웃음이 가짜 미소의 대표 격이라고 생각한 과학자들이 그렇게 이름을 붙인 것이다. 가짜 미소 때문은 아니겠지만 팬아메리카나 항공사는 경영난에 시달리다가 매각되었다.

감정의 순환적 진화에 의해 우리는 '감정 꾸미기'와 '감정 탐지기'라는 두 가지 능력을 소유하게 되었음을 앞에서 이야기했다. 가짜 웃음 역시 사회적 관계를 위해 혹은 상대방에 대한 호감을 연출하기 위해 의무적으로 만들어 내는 '감정 꾸미기'에 해당한다. 그러나 자발적으로 짓게 되는 웃음과 일부러 꾸며 내는 웃음은 사용하는 얼굴 근육뿐만 아니라 뇌의 부위도 다른 것으로 나타났다. 사회적으로 연출된 미소는 임의로 통제되는 피질 회로에서 실행되는 반면, 자연스럽게 우러나는 미소는 변연계와 그 밖의 뇌 구조 회로에 의해 불수의적으로 실행된다. 자발적인 행복감에서 짓는 웃음은 전두피질과 시상하부다마시오, 기저핵라마찬드란에서 만들어진다. 기저핵은 사고나 계획 등을 수행하는 두뇌의 상부피질과 진화적으로 오래된 시상 사이에 있는 일군의 세포이다.

라마찬드란은 진짜 웃음과 가짜 웃음을 친구를 만났을 때와 사진을 찍을 때로 설명했다. 우리가 친구를 만났을 때 친구의 얼굴에서 전해지는 시각적 메시지는 두뇌의 감정 센터나 대뇌 변연계에 도착하고 기저핵으로 중계된다. 기저핵은 자연스러운 웃음을 만들기 위해 필요한 근육들의 움직임을 통합적으로 조절한다. 그러나 사진사의 요청에 의해 웃을 때는 사진사의 언어적 메시지가 청각피질과 언어 센터를 포함하는 두뇌의 고급 사유 센터에서 수용되고 이해된 후 운동피질로 중계된다. 운동피질은 평소 숙련된 동작의 실행을 주로 담당하기 때문에 수십 개의 작은 근육들을 조절해야 하는 섬세한 작업인 미소는 어쩔 수 없이 어색해지게 된다.

뇌졸중으로 오른쪽 운동피질이 손상된 환자는 웃기를 요구하면 왼쪽 입가가 마비되어 일그러진 웃음을 짓는다. 그러나 친구나 가족을 만나 진심으로 행복해 하면 얼굴 전체가 환해지는 자연스러운 웃음을 짓는다. 환자의 기저핵은 뇌졸중으로 인해 손상당하지 않았기 때문이다. 이렇듯 행복한 웃음과 인위적인 웃음은 뇌 부위부터 다르다. 표정은 비슷할 수도 있겠지만 속마음은 본질적으로 다른 상태인 것이다. 생각보다 우리는 계산된 웃음을 짓기가 쉽지 않으며 어렵게 짓는다 해도 상대방은 이를 눈치채기 쉽다.

그렇다면 가짜 웃음은 왜 탄생한 것일까? 우리는 앞에서 이미 많은 이야기를 했다. 정리하는 의미에서 한번 되돌아가 보자. 웃음의 진화적 기원은? 그렇다. 사회 집단 내 타인들을 달래기 위한 것이었다. 외부의 안전함을 확인한 후 발생하는 것이 웃음이었다. 그러나 우리는 언젠가부터 그 관계를 역전시켰다. 우리는 이제 외부의 안전을 확신시키기 위해 웃는다. 웃음의 메커니즘은 긴장 상황을 극복하기 위해 내면화되었고 그 결과 가짜 웃음, 즉 어색한 웃음이 나타나게 되었다. 타인과의 접촉에서 발생하는 사회적 긴장을 감소시키기 위해 웃음이라는 기제를 사용하는 것이다. 먼 옛날에는 안전함이 웃음을 유발했다면 이제는 웃음이 안전함을 유발한다. 우리는 친구라서 웃는 것이 아니라 친구가 되기 위해 웃는다. 우리는 행복해서 웃는 것이 아니라 웃어서 행복해진다. 웃음은 이제 우리의 정신적 불안함을 사소한 것으로 전환시켜 안심하게 만드는 심리적 방어 기제로 사용되고 있다.

뒤셴 웃음은 누군가의 삶이 행복했는지 불행했는지를 짐작할 수 있게 해 준다. 늘 즐겁게 살고 진심으로 행복을 느낄 수 있는 사람만이 눈가 주름이 동반되는 웃음을 지을 수 있다. 영화배우 안성기의 주름이 그러할 것이다. 최근 들어 보톡스나 레이저 등 간편한 시술로 얼굴의 잔주름을 없애는 것이 유행이다. 당장은 주름이 보이지 않고 얼굴이 팽팽해 보여 만족스럽고 행복할 수도 있다. 그러나 만일 그 혹은 그녀에게 아기가 있다면 그 아기는 부모가 자신을 안고 행복에 겨워 웃는 웃음을 어색하게, 어쩌면 가식적으로 느낄지도 모르겠다. 눈가의 주름은 웃음이 진심인지 아닌지 알려 주는 정직한 신호이기 때문이다.

가끔 텔레비전에서 아름다운 여자 연예인이 미소를 짓고 있지만 어딘가 부자연스럽다는 느낌을 받는 경우가 있다. 아마도 자연스러운 눈가의 주름이 인위적으로 지워졌기 때문일 것이다. 그래서 나는 배우 안성기의 웃음을 참 좋아한다. 그의 주름은 연기자로서 훌륭한 표현의 도구이고 자연인으로서 진심과 친절의 상징이다. 웃고 있는 얼굴에서 일렁이는 주름을 보면 그의 연기와 인성이 많은 이들에게 인정받는 것이 당연하다는 생각이 든다. 인간에게 특히 배우에게 주름은 소중한 자산일 수 있다. 보톡스로 인한 팬아메리카나 미소보다는 진심을 전할 수 있는 주름진 미소가 서로를 더 행복하게 해 주지 않을까? 주름진 얼굴을 사랑하자. 웃음은 아름다운 얼굴을 만드는 최고의 화장품일 수 있다.

6장

웃음과 건강

나는 나를 웃음 짓게 만드는
사람들을 사랑한다. 솔직히 웃는 것은
내가 가장 좋아하는 일이다.
웃음은 수많은 질병을 낫게 하고,
어쩌면 인간에게 있어
가장 중요한 것일지도 모른다.

― 오드리 햅번

　웃음을 연구한 학자들에 따르면 인간은 일생 동안 50만 번 이상 웃는다고 한다. 아기들은 생후 2~3개월부터 웃기 시작하여 급속하게 웃음의 횟수가 많아진다. 6살 정도 되는 아이는 하루 평균 30회 정도 웃고 어린아이는 400번, 어른은 8번 웃는다. 성인이 되어 갈수록 웃음은 줄어드는 것이다.

　인간의 삶을 80년으로 본다면, 우리는 잠자는 데 26년, 일하는 데 21년, 밥 먹는 데 6년, 사람을 기다리는 데 6년, 웃는 데 22시간 3분을 보낸다고 한다. 일생에 걸쳐 우리는 단 하루분의 양도 웃지 못한다. 다른 활동에 비하면 우리는 생애 대부분을 웃지 않고 보낸다고 할 수 있을 정도다.

　누구나 웃음은 우리의 건강과 행복을 증진시키는 명약임을 알고 있지만 여전히 우리는 웃지 않고 산다. 이 장에서는 웃음이 우리의 건강에 미치는 긍정적인 효과를 살펴볼 것이다. 웃음은 우리 몸과 마음에 어떤 영향을 끼치는지, 웃음이 어떤 과정을 통해서 건강을 지켜 주는지를 정리해 봄으로써 나의 주장을 마지막으로 반복할 것이다. 21세기를 사는 우리는 이미 많은 것을 가지고 있다고 말이다.

😆 웃음의 면역 효과

웃음은 수많은 호르몬과 면역 물질을 생성하고 활성화시킴으로써 건강과 장수에 도움을 준다. 웃음은 NK세포, 엔도르핀, 글로불린A, 인터루킨6, 엔케팔린, 인터페론γ, T세포, B세포 등 각종 면역 물질과 21가지의 호르몬을 방출시킨다. 미국 볼 메모리얼 병원 건강 안내서에서는 15초의 웃음으로 분비되는 엔도르핀의 양과 NK세포의 활성도가 면역계 등 우리 몸에 미치는 영향을 수명으로 환산하면 이틀의 수명 연장 효과가 있음을 밝히고 있다.

NK세포는 '자연 살상 세포'라고 부르는 인체의 면역세포 중 하나이다. 이름 그대로 암세포 등 해로운 세포나 바이러스를 찾아서 죽이는 역할을 한다. 우리의 면역 체계는 세균이나 바이러스 같은 외부의 적이 침입했을 때 공격을 하는데 NK세포의 경우 우리 내부의 정상세포가 돌연변이해 만들어진 암세포를 공격하기 때문에 더욱 중요하다. NK세포는 암세포의 DNA를 절단하고 세포 자체를 파괴하여 죽일 수 있을 만큼 강력하다. 이상 세포의 단백질 구조가 자신과 같지 않을 경우 세포막에 수분과 염분을 투입함으로써 파괴시킨다. 웃거나 기분이 좋아지면 생성되는 엔도르핀은 NK세포에 의해 생성이 촉진되는 것으로 알려져 있다. 평소보다 소리를 크게 내어 웃을 경우 백혈구가 순간적으로 증가한다. 암 투병 환자가 웃음 이미지 훈련을 받으면 혈액 중 림프구 활동이 증가하는 것이 확인된 사례도 있다.

일본의 오사카 대학교 신경 강좌팀은 웃음이 T세포와 NK세포 등의 분비를 촉진시켜 더욱 튼튼한 면역 체계를 갖게 한다는 연구 결과를 발표한 바 있다. 코미디 프로그램을 본 경우 NK세포가 3.9퍼센트 활성화되었고 교양 프로그램의 경우 오히려 3.3퍼센트가 감소되었다. 웃기는 영상물과 심각한 영상물을 볼 때 발생하는 이러한 차이는 진통제 투여량이나 혈압을 비교한 실험에서도 유의미한 결과를 보였다.

웃을 때 폐를 크게 부풀리면 기도 끝부분의 폐포벽에서 '프로스타글란딘'이라는 물질이 분비되어 혈관이 팽창하고 그 결과 혈압은 떨어지고 혈류량이 늘어나<mark>일본에서는 8.3퍼센트 정도 증가한 경우도 있었다.</mark> 심혈관이 튼튼해질 수 있다. 세계 웃음 학회에서는 고혈압이나 뇌졸중, 뇌혈전 등 혈관과 심장병 계통의 환자들이 실컷 웃은 후 혈압이 평균적으로 30~50 정도 떨어졌음을 보고하였다.

우리나라에서도 「코스비 가족」이라는 시트콤으로 큰 인기를 끌었던 미국의 유명 코미디언 빌 코스비의 프로그램을 본 사람들은 상기 <mark>도기도에서 기관지, 후두, 비강이 있는 호흡기 부위</mark>의 감염을 막아 주는 타액 '면역 글로불린A'의 생성이 활발해지는 것으로 나타났다. 침 속의 면역 글로불린A 농도가 증가되면 감기와 같은 호흡기 질환을 예방할 수 있다.

일본의 요시노 박사는 관절염 환자 26명을 대상으로 1시간 동안 일본 전통 만담을 들려준 후 '인터루킨6'의 변화를 관찰하였는데 놀라울 정도로 그 수치가 감소한 것을 발견하였다. 인터루킨6는 염증이 생겼을 때 백혈구가 모이도록 정보를 전달하는 역할을 하는데 염증이 심할수록 수치가 올라간다. 따라서 만담을 듣고 즐거워한 환자들에서 관절의 염증 정도가 완화되었음을 알 수 있다.

웃음은 실제로 통증을 줄여 주는 역할을 하기도 한다. 수술 환자들을 대상으로 진통제 투여량을 조사해 본 결과 웃기는 영화를 본 환자들은 심각한 영화를 본 환자들에 비해 진통제를 60퍼센트 이상 적게 투여하였다. 웃을 때에는 통증을 진정시켜 주는 효과가 있는 엔도르핀과 엔케팔린이라는 신경 펩티드 분비가 촉진되기 때문에 진통제의 사용량을 줄일 수 있다. 많은 이들이 재미있는 코미디에 온 정신이 쏠려 잠시 통증을 잊는 것이라 생각하는데, 물론 그러한 부분도 있겠지만 웃음이 실제로 통증 자체를 줄여 주는 역할을 하고 있는 것이다. 또한 병원균을 막는 항체인 인터페론γ의 분비가 증가하여 바이러스에 대한 저항력을 키워 주고 세포 조직의 증식에도 도움을 줄 수 있다.

로마린다 대학교 의과대학의 리 버크 교수는 60분간 웃긴 비디오를 시청한 사람들의 인터페론γ 변화량을 측정하였는데 무려 200배나 증가한 사실을 확인했다. 인터페론γ는 T세포의 성장과 세포 독소의 구분, 백혈구의 활성화와 B세포의 성장 요인으로 작용한다.

웃음은 최근에 많은 어린아이들이 고통받고 있는 아토피성 피부염에도 효과가 있는 듯하다. 아토피성 피부염은 면역 체계 혼란으로 발생하는 질병이라 할 수 있는데 T세포와 B세포가 연합해 병원균을 퇴치하는 활동이 붕괴되어 자기 자신의 피부세포를 공격하는 것이다. 웃음은 건강한 T세포와 B세포의 균형을 되찾아 줌으로써 아토피성 피부염에 효과적인 치유책이 될 수 있다.

스트레스에도 웃음은 최고의 치유책이다. 제임스 로턴의 연구에 의하면 스트레스에 유머로 대처하는 사람은 건강한 면역 체계를 지니고 있어 심장마비나 뇌졸중으로 고통받을 가능성이 40퍼센트로 줄어든다고 한다. 그들은 치과 치료를 받을 때에도 아픔을 훨씬 덜 느끼고 수명도 일반 사람에 비해 4.5년 길다.

2005년 마이클 밀러는 서로 다른 자극을 주는 두 영화 「라이언 일병 구하기」와 「해리가 샐리를 만났을 때」를 실험 참가자들에게 보여 주고 웃음과 혈류량의 관계를 살펴보았다. 그 결과 스트레스를 유발하는 영화 긴장감 넘치는 전쟁 영화 「라이언 일병 구하기」를 본 사람들의 혈류량은 35퍼센트 감소했고 웃음을 주는 영화 재미있고 유쾌한 로맨틱 코미디 「해리가 샐리를 만났을 때」를 본 사람들의 혈류량은 22퍼센트 증가했다.

웃음은 카테콜아민 분비를 촉진함으로써 엔도르핀을 증가시키고 그 결과 우리 몸에서 스트레스에 관련된 화학 물질 플라스마, 코르티솔, 에피네프린 등들을 감소시킨다. 스트레스를 받을 때 분비되는 대표적인 호르몬인 코르티솔의 경우 면역력을 약화시키고 감염을 일으키며 기억력을 감소시키기도 한다. 한번 분비된 엔도르핀의 절반가량은 효과가 5분 정도밖에 지속되지 않기 때문에 엔도르핀의 효과를 보기 위해서라도 우리는 자주 웃어야 한다.

엔도르핀은 'endo-속'와 'morphin모르핀'이라는 두 단어의 합성어로 체내에서 자연적으로 생성되는 모르핀이라는 뜻이다. 환각 물질이 기분을 좋게 하는 것은 분자 구조가 인체 내 모르핀의 구조와 비슷하여 수용기에 결합될 수 있기 때문이다. 따라서 '웃음에 중독되다'라는 말은 어느 정도 문자 그대로의 의미를 띠고 있다.

엔도르핀의 수용기는 뇌뿐만 아니라 NK세포 표면에도 존재한다. 긍정적인 웃음은 결국 이들 NK세포를 활성화시켜 면역력을 높여 준다. 특히 모르핀 수용기가 남성의 정소세포에 많이 분포되어 있다는 사실은 웃음이 정력에도 좋은 영향을 미칠 수 있음을 암시한다. 과거 한국 사회는 웃음이 많은 남성을 점잖지 못하게 생각하는 경향이 있었으나 이는 신체에 미치는 효과로 볼 때는 잘못된 편견인 셈이다. 웃음은 건강과 활력은 물론 남성의 정력에도 긍정적인 영향을 미칠 수 있다. 건강하고 쾌활하며 정력적인 남성을 어느 여성이 싫어하겠는가?

웃음은 15개의 안면 근육을 동시에 수축시키고 몸속에 있는 650개의 근육 중 231개를 움직임으로써 신진대사를 활발하게 한다. 웃을 때 횡경막은 짧게 경련·수축하여 복근과 함께 복강 내압을 높이는 작용을 한다. 뱃속으로부터 터져 나오는 웃음은 복식 호흡이 되어 횡격막의 상하 운동을 증가시키며 이때 내장 마사지 효과가 나타나 내장 운동을 활발하게 해 준다. 폐의 구석구석까지 산소와 혈액이 공급되어 폐 속에 남아 있던 나쁜 공기가 신선한 공기로 재빨리 바뀌고 얼굴과 다리 등의 근육을 빠짐없이 운동시킨다.

이렇듯 웃음은 운동에 버금가는 효과가 있기 때문에 다이어트에도 도움을 줄 수 있다. 미국 밴터비트 대학교 연구진은 유럽 비만 학회에서 "10~15분간 웃을 경우 초콜릿 한 개에 해당하는 열량^{평균 40~45칼로리}이 소비된다."고 보고했다. 매일 이렇게 웃는다면 1년에 2킬로그램을 감량하는 효과를 볼 수 있다는 뜻이다. 이는 3분에 약 3칼로리가 소모되는 것으로 같은 시간 조깅을 했을 때의 칼로리 소모량과 같다. 한 번 크게 웃는 것은 10분간 빠르게 걷기, 25번의 윗몸 일으키기를 하는 것과 같다. 또한 루이빌 대학교 심리학과의 클리포드 컨 박사는 100번의 웃음이 15분간의 페달 밟기, 10분간의 보트 젓기와 같은 효과가 있다고 보고했다. 그는 한 번 웃을 때마다 3.5칼로리가 소비되므로 하루에 100번을 웃으면 350칼로리가 발산되어 살이 빠진다고 주장했다.

익히 알려져 있지만, 웃음은 장수에도 명약이다. 원광 대학교 보건대학원의 김종인 교수가 웃음과 수명의 관계를 조사한 바에 따르면, 100세 이상 장수하는 '백세인'들은 80대의 '팔순인'보다 10배가량 더 많이 웃고, 60대 '환갑인'들보다 12배 정도 더 많이 웃는다고 한다. 하루에 두 번 이상 웃는지 여부를 기준으로 봤을 때 백세인은 팔순인보다 10배, 환갑인보다 12배 정도 많이 웃는 것으로 나타났다.

사실 한국 사람은 서양인들에 비해 웃음이 인색한 편이다. 오랜 기간 이어져 내려온 유교 문화의 엄숙주의, 웃음보다는 진지함을 높이 사는 남성적 문화 습성들이 그러한 경향을 부추겼을 수 있다. 그런데 해부학적으로도 우리 한국인들은 웃음에 취약성을 가지고 있음이 밝혀졌다. 연세 대학교 해부학과 김희진 교수는 웃을 때 관여하는 얼굴 근육인 입둘레근, 광대뼈를 연결하는 큰광대근, 입꼬리당김근, 입꼬리내림근이 교차하는 지점인 불굴대의 위치가 한국인의 인색한 웃음에 일조한다고 보고했다. 서양인은 불굴대가 입꼬리 위쪽에 있어 미소 짓기가 수월한 반면, 한국인은 불굴대가 입꼬리의 아래쪽에 위치해 있어 활짝 웃는 표정이 어려운 데다가 입꼬리가 처져 보이기까지 한다는 것이다. 한국인에게 살짝 입꼬리만 올리는 웃음이 아주 크게 활짝 웃는 표정보다 많았던 것은 불굴대의 위치라는 타고난 해부학적인 약점 때문일 수 있다. 그러나 이러한 약점은 오히려 우리가 웃음에 있어서 보다 더 적극적으로 노력해야 하는 처지임을 자각하게 한다. 타고난 대로 살다 보면 점점 더 웃음과 멀어지게 될지도 모르니 말이다. 또한 불굴대가 처져 있음으로 해서 활짝 웃는 표정이 더 크게 강조될 수 있다는 긍정적 역발상도 가능하다.

😊 웃어서 행복한가, 행복해서 웃는가

미국에서 k음은 오랫동안 코미디언들과 코미디 작가들에게 관심을 받아 왔다고 한다. 미국의 코미디 작가 배리는 단어와 소리가 웃음을 유발할 수 있다고 주장하였고 대표적으로 k가 들어간 단어들을 제시하였다. 정말 k음은 사람들에게 즐거운 느낌을 주는 걸까? 어떠한 소리가 즐거운 느낌을 준다는 것은 소리 자체의 음향적 효과 때문일 수도 있지만 그 소리를 내기 위한 얼굴 표정 및 근육 운동과 관련이 있을 수도 있다.

실제로 k음이 들어간 단어들은 얼굴에 웃는 표정을 만든다. k를 한 번 발음해 보라. [k]라는 음은 입을 양옆으로 벌리고 입가를 살짝 올라가게 해야 발음할 수 있다. 여기서 '안면 피드백 현상'이 작동한다. '안면 피드백'이란 감정이 촉발하는 표정 짓기가 아닌 표정에 의한 감정의 촉발이라 할 수 있다. 우리의 뇌가 신경세포를 통해 근육을 조정하여 웃게 만들고 그렇게 발생한 웃음은 거꾸로 근육과 신경세포로 이어져 우리 뇌에 즐거운 감정을 촉발시키는 것이다. 우리나라의 경우 안면 피드백 현상을 만들어 내는 k에 해당하는 자음은 'ㄱ, ㄲ, ㅋ'이다. 과연 한국인들에게도 'ㄱ' 발음이 안면 피드백 현상을 통해 즐거운 기분을 느끼게 하는지 실험해 보는 것도 재미있을 것 같다.

1988년 프리츠 스트랙은 일부 실험 참가자들에게 이빨 사이에 연필을 끼움으로써 저절로 웃는 표정을 짓게 하고 다른 참가자들에게는 입술로 연필 끝을 물게 하여 저절로 찡그린 표정을 짓게 하였다. 그리고 동일한 만화를 보여 주었는데 웃는 표정으로 만화를 본 사람들은 찡그린 표정의 사람들보다 더욱 재밌어 했다. 이것 역시 안면 피드백 현상으로 웃는 표정이 당사자에게 행복감을 느끼게 한 것이다. 코미디언들이 자주 인용하는 "행복해서 웃는 것이 아니라 웃어서 행복한 것이다."라는 말이 스트랙의 실험으로 다시 한번 증명이 된 셈이다.

이러한 메커니즘이 가능한 것은 뇌의 순환적 시스템 덕분이다. 대뇌피질에서 판단한 명령이 뇌간에 전달되어 웃음을 만들고 소뇌가 이를 조정하여 웃음이 완성되지만 이렇게 만들어진 웃음은 다시 대뇌피질에 영향을 미치게 된다. 한마디로 뇌가 웃음을 만들고 웃음은 다시 뇌를 만드는 것이다.

다마지오는 뇌간과 소뇌가 손상된 환자가 적절한 심적 원인 없이 웃음이나 울음을 갑자기 터뜨리는 현상을 목격하였는데, 그들은 처음에는 아무 이유 없이 웃어 댔지만 잠시 후 실제로 들뜬 느낌을 갖게 되었고 현장의 다른 원인에서 웃음의 이유를 찾았다. 과학 학술지《네이처》에서도 수전이라는 여성이 뇌 수술 도중 특정 부위가 자극되자 웃음을 발생시킨 사례가 보고되었다. 의사가 부운동피질[31]을 자극하자 그녀는 갑자기 웃음을 터뜨렸고 말의 사진을 포함해 주변에 있는 모든 것이 자신을 웃게 만든다고 하였다. 심지어 의사들이 수술을 하기 위해 주위에 둘러서 있는 것이 너무 웃기다고도 했다. 뇌에 대한 자극이 웃음을 촉발하면 뇌는 웃음의 이유를 주위에서 찾아내어 이야기를 만들어 낸다. 이러한 원리로 우리는 일단 웃고 나면 저절로 좋은 기분을 느끼게 되며 평범한 상황이라도 더 재미있거나 긍정적인 것으로 해석하게 된다.

하버드 대학교 심리학과 교수인 스티브 코슬린의 '현실 재현 원리'는 일부러 웃는 것이 좋은 기분으로 이어질 수 있다는 주장을 간접적으로 지지할 수 있다. 현실 재현 원리란 마음속으로 어떤 물체를 떠올리면 실제 그 물체를 바라보는 것과 동일한 뇌의 작용이 일어난다는 것이다. 뇌의 시스템들이 일단 작동을 시작하면 그 자극이 어디서 왔

[31) 부운동피질은 두뇌의 감정 중추에서 입력을 받는 전두엽 영역과 인접해 있다.

는지는 뇌에게 중요치 않다. 자극이 기억 속에 있는 정보로부터 내생적으로 온 것이든 무엇인가를 바라봄으로써 외래적으로 시작된 것이든 똑같은 효과를 낼 수 있는 것이다. 이는 거울 뉴런의 모방 현상보다 한 차원 높은 메커니즘이라 볼 수 있다.

컨 박사는 틈날 때마다 억지로라도 웃으라고 권유한다. 우리 자신은 의도적으로 웃는다는 것을 인식하고 있지만 우리 뇌와 몸에 연결된 신경 회로와 근육들은 그 사실을 모르고 진짜로 웃을 때와 동일하게 반응하기 때문이다. 뇌를 속여 몸에 이득을 얻어라. 억지로라도 웃으면 근육이 수축하고 이는 뇌를 자극하여 마치 즐거운 일이 있을 때처럼 엔도르핀 등의 면역력을 높이는 신경 전달 물질을 분비한다. 그 결과 실제로 기분이 좋아지고, 건강해지고, 즐거움의 이유까지도 찾아낸다. 마치 사랑에 빠지면 온 세상이 자신을 축복하는 것처럼 보이듯이 웃고 있으면 온 세상이 즐거운 곳으로 보인다. 우리는 웃겨서 웃고 웃어서 웃기다.

리버크 박사는 여기서 한 걸음 더 나아가 웃음에 대한 기대감만으로도 인체는 긍정적 반응을 보인다고 이야기한다. 웃음과 유머를 경험하게 되리라는 기대로 기분 상태가 달라지고 우울감, 혼란, 불안감이 줄어들며 코르티솔과 에피네프린 같은 스트레스 호르몬 분비량이 감소한다는 것이다.

텔레비전 코미디를 녹화하다 보면 무대에 개그맨이 등장하는 것만으로도 방청객이 웃음을 터뜨리는 경우가 있다. 과거에 그를 통해 웃었던 기억이나 텔레비전에서 보던 연예인을 실제로 본다는 반가움과 신기함이 웃음을 자아내게 만든다. 게다가 자원해서 현장에 온 경우 그들은 웃음에 대한 기대로 인해 이미 정신적으로 밝고 긍정적인 상태에 도달해 있기 때문에 개그맨이 눈앞에 등장하는 것만으로도 웃음을 터뜨리게 된다. 웃음은 참으로 위대한 것이다. 일종의 초능력처럼 웃음은 웃기도 전에 이미 우리 자신에게 영향을 미치고 있다. 그리고 우리 뇌는 발 빠른 비서와도 같이 우리가 미처 의식하기도 전에 일을 진행하고 있다.

😀 웃음의 적, 스트레스

지금까지는 웃음의 긍정적인 영향에 대해서만 이야기를 했는데 억지웃음이 자아내는 부정적 효과에 대한 연구도 있다. 그 연구 결과는 특히 코미디언들에게 암울한 것이었다. 로턴은 환자들에게 선택권 없이 무조건 정해진 코미디 영화만을 보게 하였다. 그 결과 환자들은 다른 두 그룹 환자들보다 훨씬 더 많은 양의 진통제를 투여하였다. 웃기지도 않는 코미디를 강제로 보는 것은 무척이나 고통스러운 일이라는 것을 과학자들이 증명해 준 셈이다.

독일 프랑크푸르트의 요한 볼프강 괴테 대학교 교수인 디터 자프는 4,000명의 지원자들을 가상 콜 센터에서 일하게 했는데, 그중 절반은 불평을 늘어놓는 송신자들에게 끝까지 웃음을 잃지 않고 정성스레 답변을 하게 했고 나머지 절반은 화를 참지 못할 경우 욕설을 퍼부을

수 있도록 하였다. 조사 결과 감정을 억누르고 억지웃음을 지은 사람은 후에도 계속해서 스트레스를 받았고 이는 건강에 악영향을 미치는 것으로 나타났다. 특히 이 연구 결과는 업무 때문에 계속 웃고 있어야 한다는 강박관념이 스트레스가 되어 웃음의 긍정적 영향력을 압도할 수 있음을 보여 준다.

위 사실들은 웃겨야 하는 코미디언뿐만 아니라 웃어야 하는 시청자들까지 까딱 잘못하면 스트레스의 늪에 빠질 수 있다는 것을 알려 준다. 제대로 웃기지 않을 경우 채널은 가차 없이 돌아간다. 특히 요즘은 1분대로 시청률이 나오기 때문에 어느 부분이 재미없었는지 누가 나올 때 채널을 돌려 버렸는지를 모두 파악할 수 있다. 현장에서 고군분투하는 코미디언들은 시청자와 방송사의 냉정한 평가 시스템에 대해 푸념하기도 하지만 사실은 시청자들도 피곤한 입장인 것이다. 기분 전환이나 여가 활용이라는 오락 프로그램의 사회적 기능을 논하지 않더라도 안 웃긴 코미디를 보는 것은 시청자들에게 스트레스를 유발한다. 심하게 말해 안 웃긴 코미디언은 합법적인 고문 기술자라 해도 그리 틀린 말은 아닌 것이다. 그러므로 코미디언들이여, 웃기기가 힘들다 해도 채널을 돌리는 시청자들을 원망하지 말자.

일상생활에서도 안 웃기는 유머는 유머를 듣는 사람뿐만 아니라 그 유머의 구사자에게까지 대가를 치르게 한다는 것이 최근 연구에서 밝혀졌다. 분위기를 순식간에 얼려 버리는, 상황에 맞지 않은 농담을 들었을 때 우리는 그 농담 구사자에 대해 좋지 않은 인상을 받게 된다. 웃기지 않은 농담, 즉 흔히 말하는 썰렁한 농담예를 들어 인터넷에서 떠도는 유머를 상황과 사람에 맞게 조절하지 않고 원본 그대로 이용하는 경우 웃음보다는 비웃음이나 실소를 유발하는 경우가 많다.을 하는 당사자 역시 사람들에게 적대적인 반응을 감수해야 한다는 것이다.

언어학자인 낸시 벨 박사는 서툰 농담을 한 사람은 듣는 사람으로부터 왕따를 당하거나 따가운 눈초리, 심하면 주먹질까지 당하는 등 공격적인 반응을 받게 된다고 보고했다. 벨 박사는 한 예로 연구를 돕는 학생들에게 지인들과의 평범한 대화 속에서 "큰 굴뚝이 작은 굴뚝에게 뭐라고 말했을까?"라고 묻고는 답으로 "아무 말도 하지 않았지. 굴뚝은 말을 못하니까."라는 시대에 뒤떨어진 농담을 하도록 지시하였다. 학생들은 이 유치한 수수께끼를 모두 207회 시도했는데, 그 결과 상대방의 44퍼센트가 '무례한' 반응을 보였으며 특히 자신보다 어리거나 가까운 사이일수록 더욱 거센 반응을 보였다고 한다.

벨 박사는 사람들이 어이없는 농담에 공격적인 반응을 보이는 이유에 대해 "대화의 자연스러운 흐름에 방해를 받았기 때문에", "다음부터는 이런 농담을 못하게 하기 위해", "어처구니없는 농담을 듣고 웃을 사람이라고 생각된 것이 기분 나쁘기 때문에"라고 설명하였다. 썰렁한 농담을 주고받는 당사자들은 서로가 마땅한 대가를 치루고 있는 것이다.

그런데 여기서 한 가지 고민이 생겼을 것이다. 일부러 웃는 표정을 짓는 것만으로도 기분이 좋아지고 건강에 도움이 된다는 사실과 억지웃음은 오히려 스트레스를 줄 수도 있다는 사실은 우리에게 웃을 수도 그렇다고 웃지 않을 수도 없는 딜레마를 안겨 준다. 그렇다면 방법은 없는 것일까? 여기서 유용한 대처법을 하나 소개하겠다.

미국의 제임스 아벨슨 박사는 피험자에게 스트레스를 유발하는 자극적인 약물을 투여하는 실험을 하였다. 그런데 투약으로 어떤 일이 일어날지 미리 설명하고 이상이 느껴지면 스스로 주사량을 조절할 수 있도록 버튼을 배치해 두었더니 스트레스 호르몬 수치의 상승이 80퍼센트나 줄어들었다. 버튼을 누르면 언제든지 스트레스에서 탈출할 수 있다는 생각만으로 스트레스가 감소한 것이다. 운동이나 음악으로 스트레스를 푼다는 사람도 많은데 그러한 활동 자체만으로 스트레스가 줄어드는 것은 아니라고 한다. 그러한 활동이 스트레스를 줄여 준다는 믿음이 작용하여 실제 스트레스가 줄어든다는 것이다. 즉, '나는 스트레스 해소법을 알고 있다'는 믿음 자체가 중요하다. 스트레스쯤 조금은 받아도 상관없다는 생각도 유효하다. 지나치게 스트레스에 민감하게 반응하면 오히려 그것이 스트레스가 된다. 그러므로 스트레스를 무엇으로 풀건 자신은 방법을 알고 있고 잘해 나가고 있으며 스트레스가 두렵지 않다는 믿음을 갖는 것이 중요하다.

이는 마치 사나운 애완견을 키우는 것과 유사하다. 대부분 애완견은 사람이 자신을 두려워한다는 것을 눈치 채면 영원히 그 사람을 자신의 아래 계급으로 여긴다. 그래서 그 사람 앞에서는 항상 으르렁대거나 짖고 깨물려고 달려든다. 따라서 애완견을 처음 대할 때에는 두려워하기보다는 '나는 이 개가 두렵지 않다. 나는 이 개의 주인이다.'라는 자신감을 가지고 접근하는 것이 좋다. 그러면 개도 자연스럽고 당당한 주인의 태도에 그를 진정한 주인으로 인정하고 순순히 따르게 된다. 스트레스도 마찬가지다. 무섭다고 피하면 달려들고 하찮은 것으로 무시하면 순종한다.

  그렇다면 웃음은 어떠할까? 웃음도 마찬가지일 것이다. 웃음이 스트레스가 되지 않는 한도까지 웃는 것이 정답일 것이다. 그리고 될 수 있으면 많이 웃으려고 하는 것이 좋을 것이다. 또한 웃는다는 것 자체가 스트레스를 이기고 있다는 반응의 표시가 될 수도 있다. 고려 대학교의 윤도경 교수는 스트레스로 인해 내 생각이 지고 있다는 생각이 들 경우 웃음이 나올 수 없다고 설명한다. 결국 웃음은 스트레스를 이길 수 있고 스트레스를 이길 수 있으면 우리는 웃을 수 있다. 그리고 스트레스는 무시하면 이길 수 있다. 고로 결론은 다시 웃는 것이다. 웃음은 스트레스보다 힘이 세다.

맺음말

살아 있는 모든 존재는 하나의 조상에서 이어져 내려온 먼 친척들이다. 인간 역시 동물의 일원이다. 그중에서도 포유류, 특히 영장류의 일종이다. 우리의 이웃 동물에 대해, 우리의 먼 조상에 대해, 육체를 가진 존재로서 생존과 번식을 위해 진화해 온 우리의 과거에 대해 이해하려는 노력 없이 겉으로만 드러나는 현대인의 모습으로 인간의 행동과 마음을 설명하려는 시도는 어쩔 수 없이 제한적일 수밖에 없다. 이는 마치 소경이 코끼리 다리를 만지면서 그것이 전부인 양 오해하는 것과 비슷하다. 코끼리의 다리는 코끼리 전체를 이해해야 비로소 적절한 앎 안에 들어온다. 극히 짧은 기간에 이루어 놓은 인간의 문명과 문화에 대한 독특함에 감탄하여 인간을 우리 주변 존재와 근본적으로 다른 위치로 격상시키려는 시도는 자칫 독선이나 오해, 나아가 무지로 이어질 수 있다.

그럼에도 불구하고 사람들은 다른 동물들에게서 볼 수 없는 인간의 우월성에만 집착하여 우리 내부에 빙하처럼 자리 잡고 있는 생물학적 본성을 외면하거나 무시하려 든다. 우리를 다른 동물 종들과는 존재 방식이나 존재 가치가 전혀 다른, 마치 하늘에서 뚝 떨어진 성스럽고 영험한 반신적 존재, 혹은 현대 문명과 문화의 힘으로 과거의 존재들과는 차원이 다르게 무한히 개조될 수 있는 존재로 생각하려는 것이다. 우리가 독특하고 유별난 종임에는 틀림없지만 궁극적으로 그것은 정도의 문제일 수 있다. 물론 우리는 우리를 우리답게 하는 것들, 다른 동물들과는 전혀 다른 범주에 속하게 하는 질적인 차이들을 가지고 있다. 그러나 동시에 동일한 범주 내에서의 양적인 차이가 우리를 우리답게 만드는 것도 사실이다. 양적 변화가 질적 변화로 전환되었지만 그 전환은 유별나면서도 연속적이다. 나는 이러한 인간의 이중성을 기본 전제로 하고 이 책을 시작했다. 인간은 매우 유별난 동물이지만 생각만큼 '유별난 동물'은 아니다. 문장에 드러나 있듯이 인간의 방점은 '유별남'과 '동물' 모두에 찍힌다.

웃음은 인간만이 가진 특징이라고 많은 사람들은 생각한다. 물론 방송이나 영화에서 보여 주는 다양한 코미디들, 그리고 사적인 공간에서 주고받는 농담들은 다른 동물들이 감히 넘볼 수 없는 인간만의 고유한 언어유희, 지적 유희를 보여 준다. 그러나 그렇게 고급스러운 웃음의 기저에는 다른 동물들과 공유하고 있는 원초적인 감정들이 존재한다. 즐거움, 쾌락 등 웃음과 관련된 감정들을 우리는 많은 포유류들과 공유하고 있다. 우리는 그 공유된 감정에 기반하여 웃음이라는 현상을 진화시켰고 이제는 다른 동물들이 따라올 수 없는 유머와 코미디를 즐기는 존재가 된 것이다.

이 책은 인간과 동물의 차이점과 공통점에 대해 웃음을 실마리로 하여 접근해 보고자 했다. 인간이 보이는 많은 행동들이 그렇지만, 특히 웃음은 동물들과의 연결성은 물론 인간만의 독특함을 보여 주는 좋은 소재기 때문이다. 이 세계에서 차지하고 있는 인간의 우월성과 독특함을 강조한다고 해서 인간이 실제보다 더욱 고상해지는 것은 아닐 것이다. 또한 인간의 왜소함과 동물성을 강조한다고 해서 인간이 그동안 이룩해 온 수많은 업적들과 고귀함이 사라지는 것도 아닐 것이다. 지구 위 생명들과 공존하면서도 자신만의 방식으로 삶을 가꾸어 나가는 것이 실제 인간 삶의 모습에 가까우리라. 이러한 모습은 우리 자신이 존경과 겸손이 동시에 필요한 존재임을 일깨워 준다.

완벽하지는 않지만 어떤 현상과 관련해 가장 믿을 만한 정보를 제공해 주는 분야는 그래도 과학이라고 나는 생각한다. 운 좋게도 21세기를 살고 있는 우리는 과학이 웃음에 관해 알려 주는 많은 지식들을 즐길 수 있게 되었다. 나는 그것이 행복하다. 그래서 또 웃음이 난다.

진화해 온 생물학적 존재로서 인간이 갖게 된 특성이 어떻게 웃음과 연결되는지, 웃음은 인간의 탄생과 성장에서 언제 어떻게 나타나는지, 웃음은 우리 뇌의 어떤 부분에서 어떤 과정을 거쳐 발생하는지, 웃음은 우리의 어떠한 심리적 특성과 관계되는지, 웃음은 인간의 사회성에 어떠한 영향을 미치는지, 웃으면 왜 복건강이 오는지 등에 관해 우리는 과학적 탐구의 결과들을 살펴보았다.

인류의 조상은 위험에 대한 경고와 안전에 대한 안도로 웃음을 시작하였다. 그리고 이제 우리는 거짓 위험과 잘 짜인 안도를 인위적으로 만들어 냄으로써 웃음을 창조해 낸다. 우리는 수동적으로 행복을 느끼는 것만이 아니라 적극적으로 행복을 만들며 산다. 유머와 코미디는 웃음을 통해 느끼는 본능적 행복을 극대화하기 위한 인위적 장치이다. 코미디언들은 웃음 유발 장치요, 방송국은 웃음 공장이다. 비유적으로도 실제로도 그렇다.

우리는 다른 동물들처럼 유전자의 명령에 복종만 하기를 거부한 최초의 동물이다. 우리는 자연계를 배반한 위대한 혁명가이다. 물질로 이루어졌지만 물질을 뛰어넘은 경이로운 존재이다. 물질이지만 물질을 인식하는 위대한 철학자이다. 진화된 웃음을 물려받았지만 이제는 그 웃음을 창조하는 위대한 코미디언이다. 생존과 번식을 뛰어넘어 자신만의 삶의 의미를 추구할 줄 아는 아름다운 예술가이다.

이 책에서 설명한 웃음이라는 현상을 통해 독자 여러분이 인간이라는 존재의 위대함과 신비로움, 과학의 재미와 생명의 경이로움을 조금이라도 엿볼 수 있는 계기가 마련되었다면 좋겠다. 그리고 많이 웃었으면 좋겠고 웃음에 관해 알아 가며 미소 지을 수 있으면 좋겠다. 나의 직업을 갖게 해 준 웃음에 감사한다.

마지막으로 웃음이 독자 여러분의 삶에 어떤 영향을 미칠지를 알려 줄 장기 연구 하나를 소개하겠다. 심리학자 다처 켈트너는 1960년대 대학 졸업 앨범에 나와 있는 사진의 미소를 분석하고 그 여학생들의 이후 50년간의 삶을 추적하였다. 사진에서는 반 정도가 '뒤센 웃음'을, 나머지 반 정도가 '팬아메리카나 웃음'을 짓고 있었다. 그녀들의 건강, 결혼 생활, 직장 생활, 행복도에 대해 조사한 결과, '뒤센 웃음', 즉 행복에 젖어 진심으로 미소를 띠고 사진을 찍었던 여학생들이 50년 후에도 결혼 관계를 유지한 채 더 행복하고 건강하게 살고 있음이 확인되었다.

  마지막으로 반복하겠다. 건강과 행복으로 이르는 가장 빠르고 가장 쉽고 가장 효과적인 방법은 자주, 크게, 더불어 웃는 것이다. 우리는 이미 그것을 알고 있다. 이제 다시 시작하기만 하면 된다.

참고 문헌

게르트 기거렌처·안의정,『생각이 직관에 묻다』(추수밭, 2008)

기시다 슈·우주형,『게으름뱅이 정신분석』(깊은샘, 1999)

김종성,『춤추는 뇌』(사이언스북스, 2005)

노먼 도이지·김미선,『기적을 부르는 뇌』(지호, 2008)

다이앤 애커먼·김승욱,『뇌의 문화지도』(작가정신, 2006)

대니얼 데닛·김한영,『주문을 깨다』(동녘사이언스, 2010)

데이비드 버스·전중환,『욕망의 진화』(사이언스북스, 2006)

데이비드 실즈·김명남,『우리는 언젠가 죽는다』(문학동네, 2010)

데이비드 와이어, 길버트 헤프터·김경숙, 민승남,『미친 뇌가 나를 움직인다』(사이, 2006)

데즈먼드 모리스·김동광,『피플워칭』(까치, 2004)

데즈먼드 모리스·김석희,『인간 동물원』(물병자리, 2003)

데즈먼드 모리스·김석희,『털없는 원숭이』(문예춘추, 2006)

도정일, 최재천, 『대담』(휴머니스트, 2005)

랜덜프 네스, 조지 윌리엄스·최재천, 『인간은 왜 병에 걸리는가』(사이언스북스, 1999)

리처드 도킨스·이한음, 『만들어진 신』(김영사, 2007)

리처드 도킨스·이한음, 『조상 이야기』(까치, 2005)

리처드 도킨스·최재천, 김산하, 『무지개를 풀며』(바다출판사, 2008)

리처드 도킨스·홍영남, 『이기적 유전자』(을유문화사, 2006)

리처드 와이즈먼·한창호, 『괴짜심리학』(웅진지식하우스, 2008)

마이클 가자니가·김효은, 『윤리적 뇌』(바다출판사, 2009)

마이클 가자니가·박인균, 『왜 인간인가?』(추수밭, 2009)

마틴 데일리, 마고 윌슨·주일우, 『다윈의 대담 4: 낳은 정과 기른 정은 다른가?』(이음, 2007)

마틴 린스트롬·이상근, 장석훈, 『쇼핑학』(세종서적, 2010)

매트 리들리·김윤택, 『붉은 여왕』(김영사, 2002)

매트 리들리·김한영, 『본성과 양육』(김영사, 2004)

매트 리들리·신좌섭, 『이타적 유전자』(사이언스북스, 2001)

박문호, 『뇌, 생각의 출현』(휴머니스트, 2008)

박영한, 『웃음 치료 건강법』(버들미디어, 2006)

빌 브라이슨·이덕환, 『거의 모든 것의 역사』(까치, 2003)

빌라야누르 라마찬드란, 샌드라 블레이크스리·신상규, 『라마찬드란 박사의 두뇌 실험실』(바다출판사, 2007)

세라 블래퍼 허디·황희선, 『어머니의 탄생』(사이언스북스, 2010)

세르주 시코티·윤미연, 『내 마음속 1인치를 찾는 심리실험 150』(궁리, 2006)

수전 그린필드·정병선, 『브레인 스토리』(지호, 2004)

수전 블랙모어·김명남, 『밈』(바다출판사, 2010)

스티븐 존슨·이한음, 『굿바이 프로이트』(웅진지식하우스, 2006)

스티븐 핑커·김한영, 『마음은 어떻게 작동하는가』(소소, 2007)

스티븐 핑커·김한영, 문미선, 신효식, 『언어본능』(동녘사이언스, 2008)

안토니오 다마지오·임지원, 『스피노자의 뇌』(사이언스북스, 2007)

앤 무어, 데이비드 제슬·곽윤정, 『브레인 섹스』(북스넛, 2009)

앨런 밀러, 가나자와 사토시·박완신, 『처음 읽는 진화심리학』(웅진지식하우스, 2008)

앨리엇 애런슨, 캐럴 태브리스·박웅희, 『거짓말의 진화』(추수밭, 2007)

오타 유키고·이균배, 『생로병사의 비밀』(문예출판사, 2004)

요리후지 가츠히로·노재현, 『현명한 이기주의』(참솔, 2001)

이용범, 『인간 딜레마』(생각의나무, 2009)

이케가야 유지·김성기, 『착각하는 뇌』(리더스북, 2008)

임지룡 외, 『몸의 철학』(박이정출판사, 2002)

전규찬, 박근서, 『텔레비전 오락의 문화정치학』(한울아카데미, 2003)

전중환, 『오래된 연장통』(사이언스북스, 2010)

제러드 다이아몬드·김정흠, 『제3의 침팬지』(문학사상사, 1996)

제러드 다이아몬드·임지원, 『섹스의 진화』(사이언스북스, 2005)

제러미 리프킨·이경남, 『공감의 시대』(민음사, 2010)

제인 구달·최재천, 이상임, 『인간의 그늘에서』(사이언스북스, 2001)

조나 레러·최애리, 안시열, 『프루스트는 신경과학자였다』(지호, 2007)

존 브록만·안인희, 『과학의 최전선에서 인문학을 만나다』(소소, 2006)

존 브록만·이영기, 『위험한 생각들』(갤리온, 2007)

칼 세이건·임지원, 『에덴의 용』(사이언스북스, 2006)

칼 세이건·홍승수,『코스모스』(사이언스북스, 2004)

콜린 블레이크모어·유범희,『마인드 머신』(사이언스북스 1997)

킹즐리 브라운·강호정,『다윈의 대답 3: 남자 일과 여자 일은 따로 있는가?』(이음, 2007)

프란스 드 발·이충호,『내 안의 유인원』(김영사, 2005)

프로이트·임인주,『농담과 무의식의 관계』(열린책들, 2004)

행크 데이비스·김소희,『양복을 입은 원시인』(지와사랑, 2010)

헬렌 피셔·정명진,『왜 우리는 사랑에 빠지는가』(생각의나무, 2005)

황우석, 최재천, 김병종,『나의 생명 이야기』(효형출판, 2004)

웃음의 과학

1판 1쇄 펴냄 2011년 1월 28일
1판 5쇄 펴냄 2025년 3월 15일

지은이 이윤석
펴낸이 박상준
펴낸곳 (주)사이언스북스

출판등록 1997. 3. 24.(제16-1444호)
(06027) 서울시 강남구 도산대로1길 62
대표전화 515-2000, 팩시밀리 515-2007
편집부 517-4263, 팩시밀리 514-2329
www.sciencebooks.co.kr

ⓒ이윤석, 2011. Printed in Seoul, Korea.

ISBN 978-89-8371-552-4 03180